# IN PRAISE OF.............

I could not put your book down and read cover to cover! What a talent you have to be able to allow the reader peeks into your very personal space. I can't wait for volume #2.

Carol Chorba,
*nurse and neighbor*

How utterly delicious and funny and rueful are her writes. I love her perspective and I learn from her.

Sulanka,
*noted Los Angeles writer*

I'm loving your book. A riot. TV show. A movie. Chevy Chase and Scrooge had a baby.

Jim Koeniger,
*writer and community organizer*

I loved your book. You conveyed a portrait of a likable eccentric sometimes frustrating, often amusing, "hubby". Your humor is terrific and there were many parts that were hysterical.

Janis Forgotson,
*artist and educator*

Oh Karen! I laughed as I read every word! You are such a hilarious and detailed writer.

Cate Zimmerman,
*social activist and writer*

# Hubby
## and the
# Roses

Karen Winston

*the* Peppertree Press
Sarasota, Florida

Copyright © Karen Winston, 2013

All rights reserved. Published by the Peppertree Press, LLC. the Peppertree Press and associated logos are trademarks of the Peppertree Press, LLC.

No part of this publication may be reproduced, stored in a retrieval system, transmitted in any form or by any means, electronic, mechanical, photocopying, recording, or otherwise, without prior written permission of the publisher and author/illustrator. Graphic design by Rebecca Barbier.

For information regarding permission,
call 941-922-2662 or contact us at our website:
www.peppertreepublishing.com or write to:
the Peppertree Press, LLC.
Attention: Publisher
1269 First Street, Suite 7
Sarasota, Florida 34236

ISBN: 978-1-61493-095-2

Library of Congress Number: 2012946303

Printed in the U.S.A.

Printed August 2013

# Table of Contents

### How To Say I Love You

| | |
|---|---|
| How to Say I Love You | 2 |
| A Funeral Surprise | 4 |
| Snow and Love | 6 |
| Cars and Trucks and Things That Go | 9 |
| Hubby in the Trunk | 10 |
| Hubby and the Rental Car | 13 |

### The Über-Lawyer at Work

| | |
|---|---|
| Hubby and Dell Computers | 18 |
| Cloud Hawk | 20 |
| Hubby and Mrs. Rosensweig | 24 |

### Hubby and the Repairs

| | |
|---|---|
| Me and the Bug | 30 |
| Up on the Roof | 32 |
| Hubby and the Washing Machine | 34 |
| Lots of Little Things | 36 |

### Our House Was A Very, Very, Very Nice House

| | |
|---|---|
| Hubby and the Roses | 42 |
| Hubby and the Back Injury | 45 |
| Hubby and the Soldering Iron | 47 |
| Hubby and the Throne | 50 |
| Hubby and the Dead Woodpecker | 52 |
| Snore-No-More | 54 |
| When Elephants Dance | 56 |

## Out and About

| | |
|---|---|
| Hubby and the Rainy Day | 60 |
| The Iceman Cometh | 62 |
| The Andorra Effect | 64 |

## The Endless Move

| | |
|---|---|
| Doing It Right | 68 |
| A Time to Work and a Time to Play | 70 |
| The Splinters Are Waiting | 72 |
| Moving Stones | 74 |
| Saga of the Screws | 76 |
| The Endless Yard Sale | 78 |

## It's All About Winning

| | |
|---|---|
| Black Friday | 82 |
| Hubby and the Groceries | 84 |
| Mr. Monopoly | 86 |

## Someone to Watch Over Me

| | |
|---|---|
| Goin' to the Chapel | 90 |
| Someone to Watch over Me | 93 |

# How To Say I Love You

# *How to Say I Love You*

his trip to Southern France was our first long trip together. We planned to stay for three weeks.

"So," says Hubby, "We'll fly into Paris, take the bullet train to Geneva. Here we will rent a convertible. You want to see the mountaintops, don't you?"

He points to the correct lines on the map. "From Geneva we will head to Montreux, the Jazz Festival, then off to Zermatt." His eyes are glowing and his fingers are now running along the roads of Switzerland as if he were playing a concert concerto.

"After Zermatt, off to the Italian side to Lake Como, south to the Rivera, then north to Lyon. We have to end in Geneva so we can return the car. The drop-off fee is ridiculous."

"I want to go to the photo festival in Arles," I say.

"Great!" says hubby. We both love photography and Hubby is patient about stopping every five minutes so one or the other of us can shoot a scene we see from the speeding car.

All of this planning… of these maps and now Hubby says, "This trip will be a real test. I guess we will either hate each other or love each other by the end."

"Yeah," I say, wondering how we will get these 400 lbs of maps into our suitcases.

So off we go, cameras ready, film purchased, clothing packed. We travel to France, Switzerland and Italy. We see the photo festival in Arles and photograph the sunflowers along the road in St. Remy. And, now we are in Lyon for our final night of the trip.

Hubby loves Lyon for its Relais and Chateaux five-star restaurants. He selects a fine establishment. We walk the few blocks to the elegant café. We order the wine to go with each course. We order dessert drinks. The waiter thinks we are cute. He brings another round and another round and soon we both have noses as red as Christmas reindeer.

We stumble out of the front door, smelling of fresh rosemary and sweet thyme. Hubby puts his hands in his pockets and looks straight ahead.

"Remember that before we left on this trip, I said we would either hate each other or love each other by the end?"

"Yes," I answer. "I remember."

"Well, I don't hate you."

# A Funeral Surprise

**W**e are in a huge limousine. All ten members of the family are dressed in chic black suits. I don't remember who ordered that behemoth sedan to drive Hubby and his family to the cemetery to bury his mother. I don't remember how I was included in the "family" group.

I don't remember how it is we sat in the front row together and I don't remember how the rabbi got the information she reported to the congregation. At Temple Adas Israel in Washington, D.C., it was customary for the deceased to be displayed in a closed coffin on the bema. The rabbi gave the eulogy.

"Today we are here to celebrate the life of a wonderful mother and grandmother."

"Did you tell the rabbi anything?" I whispered to Hubby.

I don't remember what he said; I do remember that I wasn't divorced. It would be six months before my papers were signed. I don't remember if Hubby was divorced yet. I do remember what the Rabbi said:

"We are proud to announce that the son of the deceased and his fiancée invite you to a Shiva at their home following the burial of his beloved mother."

FIANCEE? Not only were Hubby's ex-wife and stepdaughter in the audience, but also his up-tight-Park Avenue helmet-head haired relatives. They snivel and contort their already over-botoxed masks. His five cousins, many acquaintances, and friends of his family stare at us in awe. I slide down in my burgundy velvet seat. This is the one donated by the Rosenthal family, the finish on the fabric rubbed off from the many years of Yom Kippur sitting. I hoped no one would notice how shocked I was. Even I didn't know I was engaged.

"I don't remember what I told the Rabbi," Hubby whispers.

Doesn't this give new meaning to the phrase, "I will-marry over my mother's dead body?"

# Snow and Love

Even though snow fell in Orlando a few weeks ago, snow doesn't belong in Florida. It belongs in the Colorado Mountains and in the slushy cities of New York or Detroit. It belongs in the Midwest with the horrible storms that shut the airlines down and left citizens without power for days on end.

When I lived in D.C., we lost power often. Once, when Hubby and I were searching for our first home in Florida, we forgot to listen to the news.

"It's so beautiful here," Hubby said as we drove the golf cart on the fairways of the Polo Club in Boca Raton.

"Yes," I said, "so much easier to live in Florida than in the ice and snow of D.C."

When we left Washington to take this house-hunting trip to Florida, we missed our plane. The roads were slick and accidents backed up the highways. This was before 9/11, before all the security checks and regulations, so it was easy to get another flight out just an hour later. We flew through Orlando, spent several hours in a hotel at the airport, and then caught a flight to Miami.

We ate mushroom pizza at the airport for dinner, each bite a testament to the freedom and laughter of our new love. Everything was delicious then. The sun was brilliant, the birds were soulful and the grass a deep vibrant green.

We giggled our way through that weekend and looked for homes on the east coast of Florida. We searched in the gated communities and in the condominiums that towered above the Atlantic. We feasted at Joe's Stone Crab House and strolled the streets of South Beach as we waited four hours for the table. Back then, I didn't mind that Hubby refused to slip the oily-haired host $50.00 to avoid the four-hour wait. I loved the time spent with him, just shiftlessly strolling along the sidewalks, admiring the palms and the beautiful young skaters on wheels. The crabs at Joe's could wait. I was in love.

We missed our flight home to D.C. also that fateful week ten years ago. We forgot that our flight was returning from Miami and not Lauderdale, so we quickly shifted gears and made our way along crowded 95, but we were a minute too late. We caught the night flight and landed in D.C. around 10PM.

No time to listen to the weather reports. Not caring whether it was snowing or raining, we were starry-eyed in love.

When we found our car in the airport, it was caked in ice.

*Uh OH*, I remember thinking. *This doesn't look good.*

We cleaned the car, turned on the heater, and when we heard the weather report on the radio, we were shocked. Washington had been hit by an ice storm the day before and the roads and schools were closed.

As we drove home, we noticed empty streets and dark houses.

We approached our home on Congressional Court and were surprised to see a tree had fallen on the roof. The house was dark. No security alarm beeped as we entered the front door. No light came on. No heat in the house at all, and our breath became frosty clouds.

"What now?" I asked.

"I know," Hubby said. "We'll build a fire in the fireplace in the den."

"Where will we sleep?"

We dragged the mattress from the back bedroom in front of the fireplace and then piled on the blankets. Hubby and I snuggled under the covers of the makeshift bedroom in front of the roaring fire and fell asleep, dreaming of palm tress to come in our future. Our love was sweet enough to keep the flames alive the entire night. We were safe and warm, and who cared about a tree on the roof? That would be tomorrow's problem.

# Cars and Trucks and Things That Go

# Hubby in the Trunk

I am relaxing, reading a juicy summer book, enjoying the soft breeze of the humming fan, as kitty sits on my chest purring a song she knows by heart.

"KAREN," a deep voice from the recesses of the hot garage sounds. I pretend not to hear, the cat blocking out all noise and all, when suddenly a mustachioed face, red eyes, and a moving mouth appears. "KAREN?"

"Oh, hi!" I say. "Did you want me?"

"I have been calling for an hour. I need your help."

My stomach churns, my bowels begin to cramp, and my anxiety level rises above 200.

"What kind of help?"

"I am doing a water test on the Oldsmobile Cutlass. The 1967 convertible is leaking water into the trunk. I need you to help with a water test."

"Water test? What do I have to do?"

"First, get dressed in long pants. Then, put on some rubber gloves. I'll meet you outside."

It is 3 in the afternoon and 103 degrees on the driveway.

"Isn't it kind of hot for a 'water test'?"

"No! I'll meet you outside." He has a way of making me feel guilty for reading a book on a hot summer afternoon on the west coast of Florida. Isn't that what retired life is about? Sitting in a hammock or sipping lemonade from a red straw and an icy tumbler.

"OK, OK! I'll be right there." The cat has hidden under the bed and the dog is nowhere to be found. They know this drill by heart, also.

So I change into the long pants, find the rubber gloves and the pith helmet, and meet Hubby in the driveway where he is waiting with a flashlight, a hose and the keys to the Olds.

"Here is what you are going to do. I am going to climb into the trunk with the flashlight. You lock me in. Then turn on the hose and run it around the sides of the trunk."

"Isn't it kind of hot to be locked in a trunk today?" I ask. "Why not wait until winter?"

"Nope. Now," and he hands me the keys to the trunk and climbs inside.

*Now is my chance*, I think. *Maybe the trunk will never open*...but now he is calling to me again with a muffled growl, "Karen, turn on the hose and begin spraying the water into the trunk on the driver side. Tell me when."

I turn on the water and begin to spray it along the seams of the trunk.

"What are you looking for?"

"What?"

"What are you looking for?" I repeat.

"Can't hear you in here."

The water flows and soon I hear, "KAREN! UNLOCK THE TRUNK!!" I could walk away. It would be all over. I could travel on the Queen Mary. I always wanted to see the Taj Mahal...but good wife that I am, I open the trunk and a hot, red-faced Hubby emerges, soaked from sweat and water that has seeped into the trunk.

"Looks like I have to change the weather stripping."

He spends the next few hours replacing the rubber stripping and now it is time for the water test again.

"KAREN?" he calls. I know the drill by heart. I get the long pants, the pith helmet, and the flashlight. I get the keys to the trunk and hold the hose to the sides of the trunk. He climbs in. The temperature now has reached 110 degrees and it is 4 o'clock in the afternoon.

"OK! Spray the water," and I do.

I think I hear a choking sound from inside the trunk and then there is silence. I open the trunk and there is Hubby, drowning in a pool of water, gasping for air.

"Hey! I almost drowned!"

"Really," I say, acting surprised. And I take off the long pants, put away the pith helmet, the rubber gloves and return to the cool of the air-conditioned house.

Right now I am in my room reading again. Hubby is in his '67 Cutlass with no weather stripping headed to the local Home Depot. Maybe it will be crowded on this Sunday afternoon. Maybe the lines will be long and I will have an hour to finish the second and third chapter of my new book.

The cat and the dog are sleeping as it is hot, late and, after all, it is the summer in Florida.

# Hubby and the Rental Car

When I make a car reservation, I just go to Travelocity and pick the cheapest car on that given day, print it out, and that's it. Not Hubby. When I left for D.C., I was satisfied with my $250.00 reservation at Alamo for four days.

"Did you get a car?" he asked.

"Yes," I answered.

"How much?" Those are his favorite two words.

"Here," I said and handed him the reservation I printed out.

"$250.00!!! You gotta be kidding!!"

He runs to his office, opens his special treasure chest of coupons, and finds the file for rental cars. Suddenly, ten minutes later, I hear him call me.

"Look! Your car is only $90.00!!"

"How did you do THAT?"

"I used the special Costco coupon, the free weekend day, the economy upgrade, and the 10% percent special from K-Mart, so I got this price. Nothing to it."

I was late for my return flight from D.C. I bought gas three times before I returned the car with a full tank, and barely made the flight. My luggage had a yellow 'LATE' tape pasted on it.

All of which led me to not really look at the tiny receipt handed to me by the Alamo guy at the return line.

Hubby looks at the receipt this week. He goes ballistic.

"This is for $100.00!! What happened?"

"I don't know," I don't." I never looked at the receipt and even if I had looked at it, the ten-dollar difference would not cause me stress.

"And," Hubby continues, "You forgot to get those Southwest miles. You need to call Alamo."

I don't care. I really don't. I think of the hour I will have to spend on hold. I think about the one point I won't receive if I don't make the phone call. I think of the ten dollars credit I will receive if I make this call. It is not like me to care about such details. But, I follow Hubby's instructions and I make the call.

Not much of a wait for customer service. I explain the problem to the very nice woman at the other end of the phone.

"Look at the receipt," I say to her. "I was charged for two gallons of gas at $5.00 a gallon. That's $10.00 dollars more than I was supposed to pay."

"Can you send us your gas receipts and we will credit you?"

"Mail them to you?"

"Never mind," she says so sweetly. "I will just credit you with the $10.00. Anything else?"

"Yes," I say, "I need the one point credit for airline miles. This is my Southwest number."

"Fine," she says. "This should show on your account tomorrow. There will be a $2.50 charge for the miles."

I ask her to hold and check with Hubby. He takes the phone.

"Don't you know that you are allowed a $2.00 maximum on miles—fifty cents a day, but a maximum of $2.00?"

"Fine, sir," says the customer service woman. "$2.00 for the airline point. Anything else?"

"No," says Hubby and he hands me back the phone.

"Thanks for your trouble," I say to the lady and hang up the phone.

Hubby is having an influence on me. How does he know these minute details of life? It's amazing!

# The Über-Lawyer at Work

# Hubby and Dell Computers

ave you noticed the complaints from friends lately? The ones that say, "I was on the phone for _____(fill in the blank) hours with a. Verizon b. American Express c. Dell Computer"?

This is a typical call: "Hello? Hello?"

"Press 1 for service," drones the recording.

Hubby presses 1.

"Thank you," says the recording. "Give us your registration number on the computer."

Now Hubby is on his hands and knees with his reading glasses and microscope trying to decipher the small numbers on the bottom of the modem that is filled with wires and plugs. He has to move his desk, his lamp, and his chair.

"Hey, Karen," he calls to me. The speakerphone is on hold. I hear in the background, "Your registration and model number please," repeating over and over like a stuck needle in a record album.

"Write this number down." It sounds so urgent that I rush to Hubby's aid.

He just wants me to check his registration number and help him write it down, while he holds the heavy desk in the air above my head and talks on the phone at the same time.

"Name, address, Social Security, mother's maiden name" and so on….

Hubby is so frustrated. He has been on the phone for a week. Ten hours a day with breaks only for bread and water. He has spoken to people around the globe. India, near the Taj Mahal, I suppose. China, near the Wall. The Philippines, Mexico, South Africa and so on.

"May I speak to someone in America?" asks Hubby.

"That will be $99.00," says the woman.

"$99.00!!!!"

"Yes," she answers, "that is our service department. Credit Card number—Visa or MasterCard?"

Hubby is now suing Dell. He has lost twenty pounds and shriveled into an old man. Gray hair has grown on his once bald head. His beard is more like Rip Van Winkle's than Willy Nelson's. He has developed osteoporosis. His back is hunched like the old witch in the woods. His face has wrinkled like a dried cranberry. And just as red.

He is still on the phone. I have to check his pulse. I don't think he has moved lately. Perhaps his pupils have rolled back into his head.

# Cloud Hawk

Last week he won his suit against Dell Computer. Who WINS a suit against a large corporation except for Erin Brokovich and they made a movie about her. Maybe I should be a scriptwriter.

When I first met Hubby, we went to New Mexico together. Traveling was one of our interests that brought us together for our second attempt to get it right at this marriage thing. So we went to Santa Fe, a city where I had hoped to live after my twenty-five year stint at marriage.

"Let's go visit Cloud Hawk," Hubby suggests as if he were saying, "Let's go visit Susie Smith."

I don't even question who or where. "OK," I say. "Where does he live?"

"The Nambe Indian Reservation just outside Sante Fe. It's about a half an hour from downtown Plaza."

"OK," I answer.

And we head off to meet this Cloud guy. It's Halloween and the night comes early. By the time we reach the land of tents and kivas, smoke and stars, the children are dressed in their Halloween costumes. One child of Cloud's is dressed as an Indian with a costume from Walmart.

Cloud's whole family is in his small adobe home where his studio sits in the back room. Mr. Eagle is a sculptor and he takes us on a guided tour of his new works.

"Look at this," he says as he points to a sculpture about ten feet tall. "It's a man with red face and feathers with gold clothing. Interested?"

"No," says Hubby, but then he spots a statue he does like. It is round with soft lines and looks like a woman curled in an egg. "I like this one."

"That one is sold," says Cloud.

"Can I commission another?"

"Sure, but I need a substantial deposit." Hubby nods. He writes a check, gets a delivery date of two months in the future.

New Year's Eve arrives and soon Hubby starts to call for his commission. He calls and calls, but there is no answer. Now Hubby goes into his "Feed me Red Meat" mode of the litigator. He tracks Cloud Hawk down. He finds his Anglo name is Ernest Mirabal. He finds that he has his work cast in Loveland, Colorado. He finds through the SWIAA, the Southwest Indian Arts Association, that there are many others who have lodged complaints against Cloud.

Hubby does not like to be taken for a ride. "I guess he doesn't know who he is dealing with," says Hubby.

Soon Hubby contacts his artist/lawyer friend in Santa Fe. Dan says, "Forget it. They have different laws on a reservation."

But does Hubby give up? Never. Once he gets his teeth into a piece of beef, he is a pit bull.

Hubby calls the chief of the Indian reservation. He finds that Cloud has a cocaine problem that the tribe is aware of. The tribal reputation is at stake.

Hubby sets a date for a trial in the Tribal Court on the Nambe Reservation for August of that year.

We fly back to Santa Fe. We rent another car at the airport. We retrace our steps to the Nambe village. This time it is hot and dusty. The smell of buffalo dung greets our nostrils.

We walk into the trial court and there is the tribal judge, dressed in black and silver sitting under a portrait of a white buffalo.

"Good day," he says as we take our seats across from Cloud.

"Could Cloud Hawk have embarrassed us one too many times? I am ordering his first profits from next weeks Indian Market go to you," he tells Hubby. "And I am ordering that the money be paid to the court, which will then forward the money to you. If he doesn't pay the money to the court, Cloud will spend six months in our jail."

I wonder where the Indian jail is. Cloud looks upset. He does not want to go to jail.

The next week, the phone rings in our hotel room. "Brrrring...bring!"

"Hello," says Hubby. I hear only one side of the conversation.

"I'll be right there," he says.

And with that, Hubby grabs his cowboy hat; his buffalo nickel belt and slips on his well-worn boots. He grabs my hand and says, "Let's go."

"Where?" I say.

"To the Indian Reservation." We retrace our steps one last time and there under the painting of the white buffalo sitting at the long log table is the judge.

"Here you are," he says to Hubby and hands him his deposit money, as well as reimbursement for his airline ticket, rental car and long distance calls. "We hope you will visit here again," says the judge.

I look around at the sparking sapphire summer sky, puffy clouds outside the dust-coated window and laugh. Of course, Hubby has won again!!

# Hubby and Mrs. Rosensweig

The rain had stopped and in its place arrived a sweltering hot, mosquito-ridden day in tropical Washington, D.C. My son, in the summer before his senior year of college, had returned home with his smelly laundry, his shaved head, and his golf clubs. He planned to be a waiter four days a week and play golf the remaining time. Our home bordered Congressional Country Club and just a few feet from the fourth hole; there was a huge gap in the wire fencing that kept the riffraff out.

"Mom," he would say, practicing his well-defined swing, "see you in a couple," and off he would go, his rag-tag shorts, spiffy white-collared shirt, and golf clubs around his neck.

Matt's future went as far as the end of a golf drive. Then, of course, he met Hubby. Got to know him pretty well that summer. While Hubby ran his landscaping business, Matt lived in the room next to his office.

## Hubby and the Roses

"Matt," says Hubby one hot and humid morning, just after the rain but the grass was too damp for mowing. "Would you like to make $75.00?"

Matt thinks of his need for new golf clubs, the too short sleeves on his waiter's jacket, and his small amount of tips.

"Sure," he answers. Hubby does not give $75.00 away so easily.

"What do I have to do?" asks my enterprising son.

"Just serve one of my clients."

"Serve them?" he asks. Not quite understanding the meaning of 'serve'. Isn't that what he does four days a week at the upscale downtown restaurant?

Hubby explains, "Serve PAPERS." Hubby is suing one of his customers for nonpayment.

"Nothing to it," he tells my son. "Just knock on the door. I'll even drive. All you have to do is hand her the papers."

"And for THAT, you'll give me $75.00?"

"Sure," says Hubby.

And off they go, the air as thick as wet dew. Hubby and my son jump into the old Ford pickup truck used for the dirtiest of the landscaping chores. They rattle down to D.C., huffing and puffing over MacArthur Boulevard and onto the streets of Georgetown. The traffic is hideous, as it tends to be on a summer day in D.C..

"Hey," says my son. "How about some A/C"?

"Nope," says Hubby. "It broke a couple of years ago. You can take it," as they both wipe Niagara Falls off of their foreheads.

"Here it is," exclaims Hubby as he pulls into 3476 Pennsylvania Avenue, just blocks from the White House where Clinton is awaiting his final days.

"Now," Hubby instructs. "You have to hand the papers to the exact person. Her name is Mrs. Rosenzwieg. She is an older woman with gray hair and two cats. She lives in that small yellow house on the corner."

Matt takes the brown envelope. He imagines the $75.00 in the palm of his hand. He thinks of the new driver he saw in the window of Paul's Sport Shoppe just yesterday.

"OK!"

Matt opens the door of the old truck. That door has been replaced three times with others found in the junkyard. It hangs by a small hinge. Matt wipes his brow and skips over the smoke arising from the hot pavement leading to Ms. Rosenzweig's home. He rings the doorbell and waits in the shade of the overhang above the front door.

A nurse in a white uniform answers.

"Mrs. Rosenzweig?"

"No, honey. I am from hospice care. Mrs. Rosenzweig is in the bedroom."

The nurse leads Matt to the back room. The air is cool and it smells of alcohol and morphine. There Mrs. Rosenzweig is, laying on the prim white sheets, an oxygen tank by her bed, tube running from her veins into the bags of yellow liquid hanging by her side.

"Mrs. Rosenzweig," he asks.

The old women barely opens he eyelid. She imperceptivity blinks.

"Here," he says. He lays the papers on her waffled blanket as the nurse looks on.

"Too bad about Mrs. Rosenzweig. She has days to live. Good thing you caught her this afternoon."

"Yeah," says Matt and hurries to the car door.

Hubby hands Matt the $75.00.

"You know," says Matt. "I don't like this serving stuff. I think I will take my mother's advice."

And today, my son is a fabulous, compassionate doctor. I am so proud of him.

# Hubby and the Repairs

# Me and the Bug

I wake up to the buzz of a motor spraying a chemical that gets rid of fire ants. That's another unexpected torture here under the palm trees. Since Hubby does not want to pay for an exterminator, the ants discovered our small plot of land. Every fire ant in Florida must have known that our yard was a poison-free zone. We don't have ant hills or mounds, we have ant mountains.

Hubby goes out this AM to murder the ants. *It's me or them,* he thinks. First he has written to the University of Florida to discover how to rid oneself of these nasty pests. They have crossed the border illegally and have permanently lodged themselves in Florida. Even Janet Reno couldn't get them out of the county.

So here I am, opening my eyes and watching Hubby in his sandals and his shorts with his nuclear bug sprayer waging war. He makes some patterns on the ant hill, then he stands there and watches the ants run… up his legs, under his pants, and between his fingers. Now the ants have gone, mostly to finish him off for breakfast. They will be back by dinner.

Last week, he agreed to pay to have the roof power-washed. I convinced him the black stuff on the roof was not just dirt, but mold and that is why my eyes bulge and swell every morning. I have five prescriptions for conjunctivitis.

We hired this guy to power wash, who proceeded to break the screen on the lanai, which costs us another sixty dollars to repair. Also, every window is dirty from the water spilled from the roof. The hedge, which used to bloom red hibiscus all winter, died from the bleach.

Hubby pulled up the entire hedge from around the house with his bare hands. The ants remembered who he was. You should see his hands tonight. I have several bottles of Benedryl spray and one tube of hydrocortisone cream. The residual problem of Hubby's attempts to clean up the place is that I am scratching and burning from the damn fire ant bites. Even Sara, the dog who takes her name from her birthplace, Sarasota, is frantically biting the black pads of her little feet. It's a good thing I don't let the cat outside!

# Up on the Roof

O K...So I left him on the roof, straddling the slippery tiles with the leaf blower spewing fumes into the sunlit sky. He refused to pay for someone to come and clean the gutters. I was late for my dinner date. I have my priorities, right?

"You left him?" my friend repeats, aghast.

"Yep. I drove away to the noise of the engine of the blower on the roof." I answer.

Several hours later, I return home. It's dusk and the sun is dropping its tired bones into the horizon. But it is light enough to see the patio and the pool. What's left of it, anyway.

"What happened?" I shriek. Hubby stands in the door, dirt dripping off of his sweaty forehead, his shirt torn and his pants streaked with dust.

"Don't think it was easy!" he says.

I stare at the pool. I walk to the edge of the chlorine tub. What was once pristine blue, streaked with streaming sunlight, is now a tropical marsh. I look for the alligators, but it is too murky to find one. All of the leaves from the gutters have fallen into the pool, along with the accumulated dirt of years past.

Piles of black debris are sifting, slowly, silently to the bottom my previously pristine pool.

"What did you do?" I ask Hubby. I am trying not to shriek, banshee-like, but my throat is cramped and my tonsils taut. Last week, I spent days putting the home in order. I had the wonderful feeling that the house was clean, organized, and peaceful. Recently, Crystal-View Window Washers scrubbed the fifty-seven windows around the house, inside and out. American Maids scrubbed the showers with bleach, cleaned the toilets, and the counters sparkled—now this mess.

The house was so perfect and well-ordered hours ago. I feel my well-being washed away by the layers and layers of silt in the pool just outside the door.

"See," says Hubby. "I used the blower and, well, maybe that wasn't the right tool. The wind just carried all the dirt to the pool and all over the lanai." He looks up and points to the roof. "But see, the gutters are clean!"

The Sparkle Bright Pool people will not believe this mess. They just serviced the pool this morning!

At least he didn't spray the windows with a power washer and return a filmy mess to the windows. No, the windows are perfectly clean. Just right to see each bit of black dust, each rotting leaf floating on the pool and covering the patio.

"Yup!" says Hubby proudly. "The gutters are clean."

# Hubby and the Washing Machine

Hubby owns a condo on New Hampshire Avenue in D.C. that he rents to the Red Cross for top dollar. One day, he gets a call from the manager of the office on K St. She is French and has relocated to D.C.

"Ees zis Mr. W?" she asks at the other end of the phone. She is calling hubby long distance in Florida.

"Yes."

"Zee washing machine, it ees broken."

"I will have it fixed," he answers.

Does he call a repairman to fix it? Does he replace the machine? No.

He flies to Washington from Tampa to repair it himself. Sixty dollars for a small metal part, one hundred and fifty-eight dollars for the air ticket, and he returns home.

"I fixed the machine," he reports to me. He has just paid another thirty dollars for the rental car to return from Tampa airport to our house in Sarasota.

"Great, honey," I answer. Sometimes it is best just to humor him. He looks so proud.

Next day, phone rings.

"Ees zis Mr. W?" the voice questions.

"No, but I will get him."

"Yes," says Hubby.

"Zee washing machine…eet ees still broken. Zee water, it sits in zee bottom and eet does not go out."

Hubby begins to check the airfares to D.C. again. Hey, it's his money.

# Lots of Little Things

ubby sees the world in a different fashion than me. He notices little things…very little things. Lots of little things.

For instance, just the other day, Hubby calls me from the kitchen. "You left a huge pile of junk on the bedroom carpet!"

Actually, I must admit, vacuuming is an anathema to me. Let me assure you that it a new skill. Changing a bag in the Electrolux is a lesson Hubby gave me several years ago, but of course, I can never get that right either.

Back to the mess in the bedroom. "A mess," I question, "what mess?"

I don't see anything. I don't know why this argument continues to surprise me.

"Where is the mess?" I am now getting belligerent.

"To the right of the night table." I look at the left first, because I am dyslexic. We make a great team, Hubby and I.

## Hubby and the Roses

I search the suspicious area. My puppy follows my pointing finger with her wet, black nose. She cannot see much because her mop of white fur falls over her eyes. She sits on her haunches. Sara finds nothing. I find nothing. Sara hates being criticized.

"Would you please show us the "BIG MESS?"

Hubby stomps into the bedroom and points to the transparent cord that once attached to the price tag of the jeans purchased at Sam's Club last week. Yes, the tiny piece of transparent plastic is on the carpet.

I place the eighth of an inch cord into the trash and look for a nod of approval. A thanks, maybe…

But Hubby looks at me and says, "And what about the light you left on in the downstairs bath?"

# *Our House Was A Very, Very, Very Nice House*

# *Our House Was A Very, Very, Very Nice House*

Hubby owned a lovely old house on two gorgeous acres on a green and leafy corner of Potomac, Maryland. We lived across the street from Maria Shiver's mom and dad and next door to Congressional Country Club. Avenel Farm and Burning Tree golf courses were just down the street. The neighborhood does not get much better.

He paid a fortune to redo the kitchen with the finest cabinets, the most elegant granite, leather kitchen stools and fine wood tables. Throughout the house, he had installed expensive sound systems and amassed a collection of fine art.

However, he operated his landscaping company out of the house. The driveway was destroyed from his dusty trucks heading in and out in the mornings and evenings. The shutters on the house were falling off at the hinges. There was an ancient swing set in the yard that was dangerous to children. Greengrow

Landscaping had a private office in the back attached to a room with an enormous indoor hot tub, unusable. Unusable because it was filled with boxes and items that could not be thrown away. He stored his sister's 45 rpm records and her old record player; he stored outdated hats and magazines, all becoming moldy.

One Christmas, just after we left for Florida, the pipes burst in the house. Because the office bath had tile all over the bathroom walls, the pipes could not be fixed without removing the tile at tremendous expense, so the entire wing of the house was without water. It was also without heat in the winter and without much air conditioning in the summer. There were giant glass windows that shone afternoon light into the office and the heat was unbearable in the summer.

The kitchen, with all those fine wood cabinets? Once when my son was staying in the house, he called us in Florida.

"Mom, there are cockroaches' everywhere—in the sink and on the counters. What should I do?"

I panic. I shared this info with hubby.

"Which exterminator should I call?"

"Call someone? I will be back there in a month. I'll take care of it."

When he returned to Maryland, he took out each and every one of those cabinets, pulled out the dishwasher and the garbage disposal, and removed the sink. He found some cockroach poison and put it everywhere. I guess he finally got rid of those roaches, but by then, I was living fulltime in Florida. The boxes that housed the roaches had traveled down 95 with us and, of course, they havebegun to enjoy their retirement in Florida

# *Hubby and the Roses*

I've just returned from a ten-day trip to the northern mountains of New Mexico. My friend has dropped me off at the front door and now I am standing in the empty kitchen. But wait! There, over there, in the middle of the granite island is a bouquet of yellow roses.

*Could it be?* I think. *Could Hubby have bought these flowers for me?* Couldn't be. Hubby doesn't believe in cut, fresh flowers that flavor the air with exotic fragrance and lighten the spirit with their fragility. No, Hubby is practical.

"A potted plant will last for years," he says. "Cut flowers are a waste of money."

Blind to the value of impermanence and beauty; Hubby is all about function. Tools, nails, money, saws, ladders, wires, computers, spreadsheets and such are his favorites.

His files are filled; he has files upon files, years and years of files. Records that go on forever, neatly placed in manila folders, alphabetically or numerically, lined right to left, like sliced processed cheese bought on sale with a coupon two for one at Albertson's.

He has saved every single medical record since he was eighteen. He has saved every receipt from every hotel in every country he has ever visited, placed along with the receipts of purchases and meals from each day. When we moved from Washington to Florida, one entire truckload was his files and file cabinets. There are miles and miles of cabinets in his back office.

Once, early in our relationship, I picked up a small plastic ziplock bag. It held an odd-shaped gray object. It looked like a dead rat.

"What's this?" I asked.

"Oh, that's my ponytail. Remember when we met I had a ponytail. I saved it."

"And, what is this?" I asked.

"Oh, those are my wisdom teeth. I had them pulled fifteen years ago, but I don't know what to do with them. I filed them under 'B' for body parts."

*Umm, I think. I don't want to check that folder. He may have saved his tonsils and his appendix.*

Hubby is immersed in permanence, of saving the artifacts of a life gone by. Years and years of past experience filed and saved in those miles of files.

So that afternoon, as the sun slanted through the kitchen window and the soft light fell off the yellow rose petals, my heart melted. Could Hubby have been so romantic as to welcome me home with a bouquet of yellow roses, misted petals still twinkling in the afternoon sun like diamonds?

I tiptoe to the counter. I pick up the small, four-cornered card.

> *Dear Sir,*
>
> *Thank you so much for the opportunity to paint your apartment on 1125 Pennsylvania Ave. We have enjoyed doing business with you and look forward to future opportunities.*
>
> *Sincerely,*
> *The Potter Painting Company*

My spirits drop. I lift the card and turn it over. It's blank on the back. I grab a red ink pen. I write on the card:

> *Darling,*
>
> *Welcome home. I missed you so much.*
>
> *Love,*
> *Your sweetheart,*
> *Hubby*

# *Hubby and the Back Injury*

There he is, sweaty and red. He is leaning on the door jam, "Ohhhh. Help me in!" I grab his arm so he can lean on me.

I ask Hubby. "What's the matter?"

"I hurt my back." He is now swaying from right to left. He looks as if he might faint. "Are you dizzy?"

"No…just can't stand up." His bulging tummy walks ahead of him as he struggles to get to the bedroom. I help him lie down.

"Ohhh," he moans again. He sounds like a cow birthing.

"You want an Advil or a Tylenol. Some water?"

"No, pain is good. It lets me know where my body is hurt."

"Well, I'll call the doctor."

He must be really in terrific pain if he is willing to go to the doctor. "How did you do this…your golf swing?"

"Nope."

"Putting on the green?"

"Nope."

"What then?"

"I saw this lost ball, it was worth about twenty-five cents. It was in good condition. Really GREAT! I pulled out my golf ball retriever, climbed under a low-lying bush, and shimmied into a corner on my belly. Actually had to move fast because of the alligator. I reached for the ball, and just after that, my back went out. But," he says proudly, "I got the ball!!"

We got the bill. Our insurance pays most of it, but thousands of dollars of x-rays, cat scans, orthopedists and visits to the neurologists, cut into his profits.

And he hasn't been able to play golf or use that ball for a week.

# Hubby and the Soldering Iron

"I need a little soldering iron," says Hubby as he attempts to repair the light switch next to the bedroom closet door in our Florida home. "The wires are loose."

"Go buy one," I say.

His eyes widen in shock. "Buy one! Why? I have one in Washington!"

"How much are they?" "I ask.

"I don't know. Maybe five or ten dollars," he answers. "I know... I will borrow one from Will. He has a great tool collection."

Will is Hubby's frequent golf partner and he and his wife, Ellen, are good friends. In fact, they are the first couple we connected with upon our moving to this Sunshine State.

Hubby dials their number. "Hi, Ellen. Will home?"

"No," she answers, "he is in New Jersey this week. You can reach him there."

Hubby asks to borrow my cell phone as, of course, it is too expensive for him to own one. In fact, he thinks that it is a shame the way I waste my dollars, just chatting away with friends across the miles.

"Nope," I say. "Use your Sam's Club calling card… or wait until after 9:00 PM when you can call for *free*." So Hubby decides to wait until after 9 PM. After all, his Sam's Club minutes are two cents each.

Hubby watches the clock. At the strike of 9, he grabs my phone. "It's OK now, right? he asks.

"OK," I generously offer.

He calls Will in New Jersey

He asks, "Will, do you have a little soldering iron I can borrow here in Florida?"

"Don't know," answers Will. "Maybe I have it here. I have to check. I'll call you back tomorrow afternoon."

Hubby is thrilled that Will will call him back. After all, those minutes are costly.

Next day, the phone rings. "Hi," says Hubby, his eyes aglow. "You find the soldering iron?"

"Yes," says Will. "But do you think that I can get it past security on the plane? I know," he continues, "I'll wrap it special in bubble wrap and place it in my checked-in luggage. It'll be tight, but I'll do it for you."

"Great," exclaims Hubby. He waits the weeks for Will to return, while the closet in the bedroom remains dark and unusable. Finally, Will arrives from New Jersey.

First thing Friday morning after Will arrives, Hubby phones again. "Can I drive over and pick up the soldering iron?" Hubby asks.

"Sure," says Will. "Come on over and pick it up. It's waiting for you."

Hubby grabs his car keys, jumps into his Mercedes SL convertible, top down, and rushes to Will's garage. Hubby is salivating. A soldering iron and he didn't have to buy one. No waste.

Hubby arrives home and uses the tool. He quickly makes the repair, rewraps the iron, jumps back in his sports car, and returns the iron to Will. "Thanks," he says. "Now, how about a round of golf?"

So the two of them head off for 18 holes on the Heron Course on this sunny day in June. The clouds drift, the sand cranes stroll, and the day is glorious.

Around the eighth hole, Hubby tells Will about the new power washer he has purchased at a nearby Costco.

"Yeah," brags Hubby. "What a deal. I saved fifty percent off of the Home Depot price. It is a Honda with a huge motor. It will get any job done in half the time of any other machine."

Will hits his putt, and the two of them climb back into their cart and head for the ninth hole.

"You know," says Willy. "Funny you should mention a power washer. Mine is broken and Ellen is complaining about the mold that is growing on the floor of our lanai. I need to power wash it and was going to rent one from Home Depot. Can I borrow yours?"

Hubby looks shocked. His brand new power washer. Barely used. Hubby thinks of how much it cost him, of how much Home Depot charges to rent one. He had to rent one last winter to do our roof and our lanai.

"Well", he glances sideways at Will who is pulling out his eight iron from the bag on the back of the cart. "I'll tell you what. I'll rent it to you for half the Home Depot price. It will be a great deal."

# *Hubby and the Throne*

Hubby's favorite seat in the house is his throne. From the bathroom, with two doors closed, I hear moans coming out of the toilet.

"Ooooooooooooo!"

"AHHHHHHHHHHHHHHHH!"

"UMMMMMMMMMMMMMMMM!"

It sounds as if he is having the most wonderful orgasm in the world. Forget Sex in the City…its Sex on the Toilet.

"Are you OK in there?"

Even the dog can't sleep. She raises her little white head and her deep brown eyes stare at the door to the bathroom. She jumps off the bedspread, runs to the door of the washroom, and whines.

"Let me in here," she seems to say.

Soon, Hubby is quiet. His major work is complete. He is doing the daily Sudoku and just relaxing.

We don't need an easy chair in our home. The toilet is just fine.

## Hubby and the Roses

Man and his dog, no fireplace, just a roll of toilet paper, the newspaper, and joy.

Hubby's favorite joke goes something like this… An eighty-year-old man is telling his friend on a park bench in Atlantic City, "What would you rather have, good sex or a good shit?"

"Good shit anytime," says the friend.

Is there something with men? Every man I have known has enjoyed spending time on the toilet. Women are in and out. Do the deed; wash your hands with some lavender soap, and then it's back to the day.

But with men, it seems to be a recreational event. A half an hour—maybe even an hour to read a magazine or perhaps just to enjoy some privacy, dog excluded. Who knows?? Maybe Rodin's famous sculpture, "The Thinker," was done with his model on a toilet seat.

# *Hubby and the Dead Woodpecker*

ur next-door neighbor is from Kentucky. Last week I saw her in her yard with a rifle.

"What are you doing"?

"I'm killin' those damn woodpeckers. They're ruinin' our house."

"I know. They are ruining my house, also. But, KILL them??"

She reminds me of Renee Zellweger in the movie, *Stone Cold Mountain*.

"Hey, let me take a picture of this. No one would believe it!"

"Oh no," she says. "The county has a $10,000 fine for the killin' of these here woodpeckers."

Around the neighborhood, you can find fake owls, snakes, and shiny mirrored pieces all in an attempt to keep the woodpeckers away. They are stubborn and they love the Styrofoam fascia we have in our home. Every morning we hear them, peck, peck, and peck.

## Hubby and the Roses

For years, Hubby has tried to rid our home of the woodpeckers. He put mothballs in their holes and they threw them back on his head. He has filled their holes with Styrofoam. Our house looks like it has a rare bubonic plague. Then there was the woodpecker that decided to hang a flag out of its hole. The war is on. Our neighborhood is Iraq.

Hubby bought cans of Styrofoam. Around eight o'clock we drove the miles to Walmart. I wait in the car while Hubby got what he needed.

We came home; he got the ladder and sprayed one hole until it was full. Then he heard the noise. The woodpecker was still in the hole.

The noise got louder and louder until finally the bird escaped, only to have his wings coated with this terrible sticky Styrofoam. The woodpecker could no longer fly.

"I'm calling the neighbor," he said. Fearing the worst, I locked myself in the office. That's when I heard the pop of her gun.

Soon after the noise, Hubby and next-door neighbor strutted in through the front door. She had her rifle slung over her shoulder like Davy Crockett.

"You can come out now! It's all over!" This bird is dead but that is not going to stop all the other woodpeckers. It's only going to kill this one. The woodpeckers are like the terrorists. What does one do in this moral dilemma? What would Hillary do? What about Obama?

All roads lead to the same question; when should we defend our territory against invaders? When is killing justified? I have no answers. Just questions.

# Snore-No-More

uddenly, there was a very loud noise. A noise so loud it rattled the walls and almost shook the foundations of my home. I woke from a sound sleep.

"What's that??" I cried.

Hubby awoke also. I didn't hear a thing.

"Listen." I answered.

Silence and then we both drifted back to sleep, content that the noise was over.

Again, a loud cranking sound and the walls vibrated.

"What was that?" I socked Hubby on the shoulder. It was HIM. Snoring louder than I had ever heard a snore before.

"That's it!!" I cried. "This is impossible. It's time for 'Snore-No-More.'"

We headed the very next day to Dr. Silver's office. On the front of his door hung a sign, "ENT Specialist in Snore–No-More technique." Scattered around the office were copies of his 150-page book. His unique approach was well-documented for the interested party. Our consultation occurred almost immediately.

"No problem, no pain, instantaneous results," he tells us. "We go into the throat and laser the loose tissue away. Simple. Then there is no rattling, gurgling, or hacking. No more loud noises, no more waking in the middle of the night."

"Great," we exclaim. "How about next week?"

The following Thursday, we head to the office for the short procedure.

"Want to watch?" the doc asked me.

"No, that's OK. I'll wait out here."

There was silence until I heard the high-pitched sound of the laser. That is when I began to smell the burning flesh. After that, I knocked on the door to see if it was my imagination and that is when I saw the smoke.

"Almost done," said the doc.

Hubby's teeth clenched as he pleaded with me through his eyes. "Get me outta' here," he seemed to say.

About an hour later, we were driving home.

"How's your throat"?

"GUHH, OHHH, AHOOH!" I couldn't understand a word the poor guy said. He rested for a day, then two and after a week, he could finally talk. But it was too late by then. The night before I work up to a loud noise—a very loud noise. Sounds of a ton of gravel being dragged across a ten-lane highway. You guessed it. Hubby with his nighttime concert, at it again.

I shook his sleeping body....

"Doc says it doesn't always work the first time," I said to his tired half-closed, slightly bruised eyelids. "Want to do this again? Doc says he will do it for free the second time!!"

# When Elephants Dance

**W**hen elephants dance, they always land on my heart. There I am, minding my own business, and a giant pachyderm kicks me in the shins. Like today, Hubby had a temper tantrum about some dumb thing like "touching his stuff." His things have to be left where he put them. Pens in the right direction and all.

Now maybe some of you readers are just like that. I am so NOT like that. I couldn't care less if you use my pen or if every knife and fork is spotless when it comes from the dishwasher. I change linens. OK. I don't worry if the corners are perfect, but Hubby has a right and wrong way for everything. If I make a bed with him, the centimeters have to match. But, he couldn't care less if the sheets are changed once a year. So, I make the bed while he is otherwise occupied. Can you imagine making the bed in secret?

What I do to avoid conflict is amazing. I am ashamed of myself. I try to remember that I am normal and HE is crazy, but those elephants pounce on my heart and cause irregular beats. I am suffering posttraumatic stress. If I walk away from some crazy out-of-nowhere explosive tantrum and leave him alone for ten minutes or so, he regains his sanity and I regain my serenity.

Sometimes I think I should be in his face at that moment, throw trashcans at him and go crazy myself. Maybe pull out the large kitchen knife. I could write on a fluorescent orange laptop in my cell. I have always wanted one.

You guys won't desert me, will you? But I let those elephants pound on my chest for ten minutes and soon they have pranced snout to snout to some other kitchen or bedroom or bath at some neighbor's house. I suspect we all have these elephants to deal with. They travel around, landing without warning.

They are so huge and so painful that you would think that one would hear them coming. But, no, they dance in so gracefully, no one hears them until they are ready to land their ten thousand tons of ache right there where it hurts.

Elephants dance in my neighborhood. In my home. On my heart. I admit it.

# Out and About

# Hubby and the Rainy Day

The thunder is rolling. The skies are black. It's Saturday night and Hubby and I are on our way to Hollywood 20 movie theater. Threatening clouds are on the horizon and it's a long ride to Main Street from our home.

Hubby looks out the window, he opens the door, and he sniffs the electricity in the air like a moose checking the weather.

"Yep, we need an umbrella." And he reaches into his Mercedes sports car, the one he never uses in the rain, the one he saves, and grabs an umbrella.

"Remember this umbrella?"

"Yep," I say.

"Remember I got it for a dollar at the auction in North Carolina?"

"Yep."

"Well, bring it, because it is going to be pouring."

Sure enough, as we ride up Tamiami Trail, the sky opens with a vengeance and the drops become a downpour.

## Hubby and the Roses

We park the car far from the theater, as Hubby does not believe in valet parking—too extravagant.

My hair is already beginning to frizz from the humidity and puddles are turning into lakes before our very eyes.

"Grab that umbrella," I say.

"Are you CRAZY?" he responds.

"What's wrong? I need the umbrella!"

"But I don't want to get it wet!!" he says.

His umbrella is dry and remains pristine in its cellophane, tucked in the trunk. Since then, I bought a "Cirque du Soleil" oversized umbrella for forty-five dollars at the Ringling Museum gift shop. He is saving his bargain for a rainy day.

# The Iceman Cometh

Normally, ice is light. It makes no noise. Inert, frozen water sitting silently on branches or sidewalks. But last night, the iceman cometh.

Hubby and I went to Burns Court movie house. This theater is small and noise echoes. Twice the stern woman in front of us turned to shush us from whispering.

About ten minutes into the movie, which was intense and riveting, the silence broke. Hubby bought some buttered popcorn and a soda. Filled with ice. For the first half hour, the rustle of the popcorn bag and the chomping of the kernels were as loud as a rumbling trash compactor. Soon the crunchy popcorn was finished.

"Want some?"

"No," I nodded. "Why"? He asked in what sounded like a booming voice. He balled up the bag, wrinkling the paper, and tossed the empty bag on the floor.

Then the iceman cometh. He began to slurp his coke through a straw.

"Whoosh swoosh," went the wind as he found the cup empty. The ice was next. Just as the lovers were x-rated naked, a woman with auburn pubic hair appeared on the screen. Hubby began to chomp the ice.

Crash, Bang, Chink…the walls reverberated with the sound of his teeth, crushing the ice like a broken machine in a sub-zero. It sounded like a motor unable to quite get going. Or imagine a loud vacuum cleaner sitting next to you in Bambi.

All of us stared at him. He looked oblivious, wrapped up in the naked bodies and all.

Yep, last night the iceman cometh. Not silently on cat's paws, but like a drag car motor rushing around the corner and perhaps crashing into the sidebar. At least nobody except the characters on screen died. I thought someone might kill him!

# The Andorra Effect

We have just passed through France into the tiny country of Andorra. It is about one or two in the afternoon and the sun is beating on the overheated pavement. The main streets in this border town are lined with Moroccan-owned shops selling cheap electronics and discounted liquor.

The residents and the tourists wander the streets hauling huge cardboard boxes filled with cigarette cartons. One car on a side street is smoking due to an overheated motor. Two barrel-chested men with black sprouting hair scratch their heads in some kind of mutual male bonding ritual. I stop for a bottle of Orangina, yawn once or twice, and say to hubby, "Don't you think we ought to get on the road?"

"No worries," he says. "Barcelona is just a few miles from here. We'll be there before dinner." I trust him to read the map and I trust him to know the answers. I continue to sip the cool sweet drink and get lost in the street scene. A few hours later, armed with one new camera and twelve dozen assorted varieties of batteries, we head south to Spain.

The summer afternoon has since departed and the sky is turning black. No streetlights, darkened restaurants, and the rains begin...first as a drizzle, then as a shower, and finally huge torrents of water splash the windshield. The wipers screeching sound drowns out the Spanish music slipping from the radio.

"Where are we??" I ask.

"It looks like a small country, this Andorra," he says, "but the map doesn't show how treacherous this road is and how long it takes to navigate."

Several more hours pass until we finally arrive at our hotel in Barcelona. I'm so happy to be safe and happy to be off that road winding around a mountain. The road that appeared so simple and short turned out to be a labyrinth.

All the maps that he studied, all the times that I trusted him, all the times he was right and now, what is happening?

This is the "Andorra Effect." It creeps around our lives and creates illusions. It follows us from our backyard; it climbs into our tightly zipped suitcase just when we glance the other way. It crosses borders and finds its way into foreign countries without a passport. The Andorra Effect can pop up anywhere like a jack-in-the-box, its smiling head bobbing, laughing in our face. Our detailed plans are scratched, having been written in tiny script and tucked into our wallet along with the wrinkled Euros and our hopeful dreams.

# The Endless Move

# Doing It Right

His artwork rests in their original wooden crates with handles. Some sculpture is in huge crates, some flat pieces in frames. They are all heavy and bulky.

We place the art on a dolly and leave the fourth floor apartment. We push the stuff down the carpeted hall, into the elevator, to the garage where the old truck with the 9/11 decal is parked.

He says, "Let's go!" And we lift the crates into the bed of the truck. One piece doesn't fit.

"OK," he commands. "All of it comes out now, so we can rearrange it."

I help him pull the ten pieces out. Now he wants to take the sculpture that weighs one hundred and thirty pounds (I know because the weight is on the original shipping label) back up to the apartment.

"We won't have room for this," he says. "We'll take the wooden filing cabinet instead."

So we take the sculpture in its crate back to the apartment and now place the heavy wooden filing cabinet on the dolly.

"NO! NO! YOU ARE NOT DOING IT RIGHT! The details make a difference. Place the corner of the cabinet an inch to the left," Hubby says.

I can exercise all of my patience and continue to help.

I think of the palm trees at the other end of the two-day drive. I think of the gym and my trainer. I haven't worked out in two months. I picture Jennie who cuts and colors my hair. The color is faded now from the long hot summer on the streets of D.C. I have an appointment with her on Wednesday at Natalie's Hair Salon.

"OK," I answer calmly. "I'll move it over a bit. Slow down."

I continue to help him load the truck just so. It takes eight hours, the help of a neighbor, and by midnight, the truck is packed. I am exhausted. I can barely walk. We return to the apartment.

I look longingly at the clean bed where I have just changed the linens. A hot shower for my sore muscles would be nice, too.

Does he say, "Thank you?" Does he say, "Good job?"

No, he says, "Now let's clean up. Where is the vacuum?"

# A Time to Work and a Time to Play

Hubby is still gone to the north. A time to go and a time to stay. A time to work and a time to play.

"What did you do today?" I ask last night during our evening phone call.

"You know all of those old clothes that were stored in the upstairs office?"

"Yes," I reply.

"I packed them in the car. There were thirty-four suits. Each suit still had the original receipt in the pocket. Some suits were from 1954! Some old tees shirts and shoes. I drove to the vintage clothing store. The woman, a little old Jewish woman, I think, looked in the crotch of every pair, smiled, and then handed them back to me. She kept three suits."

"Ummm," I answer, driving the car with one hand and staring at the headlights in front of me. I have just returned from the outlet mall. I have spent more money in five minutes than his entire day of work.

"So then what?" I ask. "I guess it's time to give them away to Goodwill."

A time to give and a time to keep, right?

"Nope. I drove to another shop. I guess it took me about an hour and a half with all of the traffic on the highway and all. The lady there took three tee shirts. Oh, and a tuxedo shirt with ruffles from the seventies. All in all, I will make about fifty dollars."

"Then what did you do?" I ask.

"Then," he answers, "I hung all thirty-one suits back in the downstairs hall closet. Maybe they will sell in a yard sale."

This will be his tenth yard sale. There is more scotch tape on his yard sales signs than on the office supply counter at Staples.

I say, "So now what are you doing?"

"I am cleaning out my office. I saved stuff to show you."

"Like what?" I ask.

"The birthday cards from my ex-wife. The ones she gave me from my dog, Blondie. I thought you would think they were cute."

"Sure," I say. "Save them. When will you be flying back to Florida?"

He says, "Not until next Monday. I still have to bring that red chair to the antique shop. It's on the back seat right now."

"OK," I yawn. "I'll pick you up in Tampa."

A time to work…a time to play. That's what I always say.

# The Splinters Are Waiting

*W*hat *is that noise?* I think as an enormous boom, bang, and clank echoes off the walls of the empty house.

Hubby and I are still moving. It has taken him a year to sell his house. A year of sifting through drawers, boxes, and files. A year of moving furniture to our new apartment, selling his grand piano, and carrying treasures like Depression glass to consignment shops. When he tried to return his dead mother's underpants purchased fifteen years ago to Penney's, I yelled, "STOP!"

*Umm, he is in the living room,*" I say to myself and creep down the carpeted steps. I want to just peek and see what he is doing. I hope he won't see me. He may ask for help.

I see the ax in his hand. I reach for my throat. He is chopping the furniture left over from the twenty yard sales into small pieces.

Bang and now the desk is crumbled on the floor. Bam and now that chair that served so long at his office is but brittle bits of splinters surrounded by dust.

"Why are you chopping the furniture with an ax?" I ask.

"Because I can fit it all into my truck and then drive the pieces to a dumpster. I need you to help reload this stuff," he says.

"I think longingly of my tiny, quiet space in the upstairs closet where my little dog and I have been wandering through memory lane.

"OK." I go and get a pair of gloves.

The clouds are gathering outside for the usual afternoon thunderstorm. The skies open. A waterfall drops from the heavens. I walk back inside.

"Where are you going?" he asks.

"Inside!! It is raining," I say as drops fall from the tips of my eyelashes and drench my Nikes.

"Rain is over," he says, five minutes later, his nose pressed to the window like a five-year-old who wants to finish the ninth inning of little league game.

We continue to load the truck, minutely and methodically arranging the debris. It takes hours to arrange the junk. I have to go. The splinters are waiting.

# Moving Stones

"Isn't this premature?" I asked. "All this energy moving stuff from here to there before we know where it belongs."

"No," he answers, "we are moving the stuff to the apartment."

So I pulled and pushed and wiggled and jiggled and from the garage of the old house to the apartment the junk went.

Now, of course, it is back in the garage. He is renting a storage room in Florida to store the belongings. He bought a bigger house to keep the belongings. Everything is being stored in the garage. This is his "staging area" for the big schlep to Florida.

He used to be an engineer, so he drew a picture.

He says, "I have a drawing of the organization of the furniture, the speakers, the old record albums. The box sizes and so on. We need the largest U-HAUL we can get to take our stuff to storage in Florida." He takes a huge breath.

"Do you know how many old people die with a storage bin of stuff?' I try to reason with him. "There are more storage places here in Florida than grocery stores."

People have trouble detaching from material items.

"Honey, I'm not going to lift that stuff on either end. Why don't we just hire a moving company now? Gas is expensive."

This is not the way Hubby rolls. He moves heavy boulders from one side of the road to another and back again. He organizes the stones by color, size and texture then sorts them again. It is quite irrational for an intelligent guy.

Meanwhile, in Florida, the sun shines, the dog naps, and the hibiscus blooms are red around my lanai. He is in Washington moving stones in the bracing air. Go figure.

# Saga of the Screws

"I'll put an ad in the newspaper and sell the kitchen, including the appliances, sink, and counter. What do you think?"

I think that this is a great idea. He will be busy in D.C. I will be in Florida, slaving in the kitchen over the meals for my cat and dog. They are very particular.

So he calls me the first night.

"I spent twelve hours today dismantling the kitchen. Do you know how many screws I removed?" he asks?

"No, how many?" I answer, knowing full well that there were hundreds and hundreds on screws.

"Ten thousand screws," he says. "And wires. I didn't realize how many wires were attached to the cabinet, the lights and all." This was a much bigger job than I thought.

"Yep," I answer while reading the *Enquirer*. Kirstie Alley has put on lots of weight, poor thing. She was fired from Pier One commercials. This was before her Jenny Craig stint.

"So anyway," Hubby continues, "The guy who bought the kitchen rented a UHAUL to pick it up. I helped him load every cabinet and rescrew the ten thousand screws. That took another day and a half."

"Ummmmm," I answer. Noelle, my cat, is resting on my chest just stretching her long legs towards my neck and staring at me with green eyes. I am the love of her life.

"Then," says hubby, "I moved the bookcases to the apartment and Jeff and I worked two days unscrewing the shelves, but I saved a lot of money." We don't need new bookcases.

I am glad he saved so much money. I just got a coupon from Saks Off Fifth and I can get 20% off any purchase. They sent me four coupons. That's a lot of 20 percents.

"So," says hubby, "I'll open a can of soup and go to bed. Its midnight."

"Good night, honey," I say. "Talk to you tomorrow."

Earlier this evening I dined at the most fabulous Thai restaurant. The cucumber salad was s good as the Pad Thai. I, too, am exhausted.

# The Endless Yard Sale

I have recently learned this fact about marriage to a man who had abundant talent and energy. I should have married a termite. It would have been more serene.

Off we go in the old, rickety pickup truck, heading for the ominous "old house" in the Maryland suburb where our yard sale is about to open.

"What about the cow," he says, "and the rooster?"

He is not referring to living animals, but to a wooden, friendly black and white bovine that came as a dowry piece from my previous marriage. The rooster, also. Both were hotly contested during the past divorce. Now, I ask myself, "What do I do with them?"

I have already given the two green benches and the white wooden lattice planters to my ex and even delivered them to him in August. But the farm animals?

There is the problem of the no-longer needed furniture, the 1950s glasses from his mother's basement bar, the baby stuff from his previous marriage hidden in the attic. All the 1930s stuff from his father's pharmacy: a milkshake maker, a juicer, chairs from the old tables and the "chin-dip/leg raise" machine my son used to train for the Navy. Oh, and the exercise bike and the treadmill, cobwebs dripping from their handlebars.

Searching through the mystery boxes, I find pink Depression glass, green glass juicer, and even about one hundred little dishes shaped like apples.

My cousin, Lois, arrives to say hello.

"Oh," she says, "Can I have one of those Jell-O dishes? My mother got them from the Jell-O promotion when I was a little girl."

"You mean the glass apples?" I ask.

"No," she answers. "Look again. The dishes are cherries. Free with cherry Jell-O during the depression and later."

No wonder Hubby's mom had so many. They were free. I give a dozen to Lois, and save a dozen for myself. "After all," I reason, "they are history."

So is the black jockey with the green jacket and red pants. He holds a lantern, provided light but was put in the attic after MLK was shot. He is in great condition and worth a great deal of money to those who collect black jockeys. Know anyone?

At first sight, these treasures are charming. Two days into the weekend yard sale, and I am ready to break every glass. Nothing is treasured any more. Stuff. Burdens. I am ready to swear that I will never own more than I can carry on the back of my camel.

We have a Washington apartment, a Potomac house on two acres, and a home in Sarasota, FL. There are six vehicles: two old Mercedes in D.C., two new ones in Florida, a truck and a 1967 Oldsmobile. All of the "abundance" becomes a burden.

Hubby needs to squeeze the last dollar out of everything, as if life were a sponge and he a wash maid.

"These children's clothes...take them, please." I give boxes of clothes to the woman who works with poor mothers in D.C. And give me your phone number. You can have everything after today.

My husband remains in D.C. to continue squeezing. He is taking his childhood toys to a toy collector. Boxes of framed posters from the 70s to a poster dealer. Old furniture to "Upscale Resale" consignment or the "Good Eye" that sells 1950s collectibles.

Yesterday, from my hidden perch on the front steps, I begged, Pam, my ride to the airport, "Please, come an hour earlier." I am Thelma...she is Louise.

I made my escape. I flew to Tampa last night and hooked a ride home to Sarasota with a neighbor who was bringing her own husband to the airport.

"Sally, thanks soooo much for the ride. I have been in jail all week!"

She believes me. "What did you do?"

"No," I explain, "Not a real jail. The jail of our past. The jail of holding on too tight."

We drive into the dark night, over the Sunshine Bridge, past the outlet malls. Past the guard gate, left at the stop sign and into my driveway. Freedom...I know what it means. I will be in Florida alone with my kitty, Noelle, for two weeks. For the first time in ten days, I could breathe.

# It's All About Winning

# Black Friday

I am reading the article in the *Sarasota Herald Tribune* that is entitled, "Braving Black Friday." It says, "Did you hit the stores before dawn on the day after Thanksgiving? We want to hear your stories and your tips for braving the crowds on one of the busiest shopping days of the year."

Who would be nuts enough to go shopping at dawn on the busiest day of the year?

"Look," Hubby is saying to me as I sip my Gazebo Starbucks blend flavored with hazelnut crème, "Oh look! If I get to Radio Shack at 5 AM, I can pick any three video games I want for free!" Free is his favorite four-letter word.

"You don't play video games," I reply.

"Yeah, but for free! Just think! And look at this Sam's Club ad," he says reverently, stroking the shiny paper with awe. "Feel the quality of the paper on this brochure. Look at the size of the ads. Isn't this amazing?"

I look at the Sam's Club ads. There is a red satin bathrobe on a beautiful blonde. Just right for a holiday when any man would like to turn his wife into that beautiful blonde on Christmas morning.

"If you get there at 5 AM you can get another 30% off that robe!" Hubby stares with lust, not at the blonde, but at the price of the plasma TVs, the digital cameras and the iPods all on sale tomorrow.

"You just gotta get there at 5 AM!"

I think of the "Black Friday" article in the newspaper. I think of the parking and the crowds. I think of the never-ending lines and the junk we will never use.

"Look," I say to Hubby. "Let's go to the dollar movies later today . My treat."

# Hubby and the Groceries

"Let's go!"

"Where?" I ask?

"The weekly sale is over at midnight, so we have to go to Albertson's and Publix…I will go to CVS tomorrow." He expects complete obedience. We are on a mission.

My son is visiting this weekend and he eats and eats, so I am willing to grab my sandals and head out the door.

First stop, Albertson's. Hubby pulls out the ad where he has circled all of his products on sale that he thinks we will need. "A-1 Sauce…aisle 5," he commands like a general directing his troops in Iraq.

Next, we head to the dairy case where the hazelnut flavored Coffeemate lives. After due consideration, Hubby determines that the 32 oz. bottle is more expensive than buying the 10 of the 16 oz (one must check the expiration date, of course).

"Hey, look," I say, trying to be helpful. "The cocktail sauce is on the endcap. It is on sale, 2 for $3.00."

Hubby frowns. He must be in charge. He speeds to the condiment aisle, number 7, and picks out a bottle of horseradish. "We make our own cocktail sauce, remember? It is delicious when we mix horseradish with ketchup," he decrees.

I place the two bottles of cocktail sauce back on the shelf and remind myself to stop thinking. Just take orders like a good soldier.

Finally, after the three cans of Bush Baked Beans and the Green Giant frozen veggies (10 for $10.00…we buy fifteen), we are off to Publix. It is 10:00 PM.

"No crowds," comments Hubby as he views the empty aisles and the lineless checkout counters. Only the restocking guys and a few lonely old people dressed in orange stripes or florescent Bermuda shorts dot the store.

Hubby reaches into his pocket and unfolds the Publix ad like a map of the battleground. He scowls at the list, as if he is searching for the weapons of mass destruction hidden within the page.

"Where to?" I ask.

"Orange juice…back counter and Edy's ice cream…two for seven dollars"

Again, I follow his lead, and an hour later, and $70.00 poorer, we leave the store. Hubby has used all of his coupons; he has saved $15.00. He is beaming.

This morning he is reading the ads. He is leaving for golf and only has a minute to explain. He is full of sorrow. "Edy's ice cream is on sale this week at Kash & Karry's for $5.00. I made a HUGE mistake. Should have waited…but, hey, they might not have had the Girl Scout cookie flavor."

# Mr. Monopoly

Mr. Monopoly, that's what I call him. He has a moustache and a baldhead rimmed by gray hair. He has sparkling eyes and lots of money. Money makes him happy. Not the spending of money, but the saving of money. The thing that makes him the happiest of all things in the world is the "deal." Or the "win." He has some magic horseshoe that he was born with. Maybe it is because he is a Sagittarius, born under the sign of Jupiter, the planet of good fortune. But, Mr. Monopoly is the luckiest man alive. The chips fall his way more than the average person.

Like the most recent trip to Las Vegas.

Friend says, "Put this fifty bucks on twenty-seven on the roulette wheel. If I win, let it ride."

Mr. Monopoly plays craps, so it isn't until twenty minutes before the cab is departing for the airport that he remembers the fifty bucks in his pocket.

"Gotta go to the roulette wheel," he tells the four people who are waiting.

## Hubby and the Roses

We sprint to the casino at nine am. Barely a soul there. Eerily quiet. The roulette table is empty but the croupier is waiting for his first sucker.

"Fifty on twenty-seven," Mr. Monopoly says and pulls the crisp bill from his overstuffed wallet. He only likes clean and crisp money and will return to bank for a separate trip just to get the pressed bills.

The croupier spins the wheel. I watch as the little ball drops to, well, you know, twenty-seven.

Mr. Monopoly collects the cash, crams it into his wallet, and waves as if this was a usual day, and departs.

On a cruise ship a year later, same scenario.

"Fifty on twenty-seven" he says to the croupier.

The wheel spins, the little ball drops, and, sure enough, twenty-seven appears. Mr. Monopoly stuffed the bills in his wallet. He never spends it. Just fills his wallet. That is his pleasure. Piles of money, collections of money, just to have and to hold.

Some men will split their winning with their wife, splurge on a piece of jewelry, a fine dinner with champagne and cherries flambé. But Mr. Monopoly loves his winnings way too much. He loves the feel of the luck in his pocket and the trip the next day to the bank where he can tell Leslie, the teller, one of his best friends, about the win when he deposits the dollars into his bank account.

# *Someone to Watch Over Me*

# *Goin' to the Chapel*

The past few months have been brutal. No rain. The worst drought that Washington, D.C. has ever known. It is fall and the air is scented with the smell of October burnt leaves.

Warnings are everywhere. The headlines of the *Washington Post* advises residents to be careful of setting fire to their piles of leaves and even to be careful on cool nights, as it is so dry.

Our wedding is scheduled for outdoors in the backyard of Hubby's home in Potomac, Maryland. Situated on two lush acres, he has been working for months to get the yard just right. He filled in an entire swimming pool himself with the help of his two landscape employees and a rented caterpillar backhoe. Rocks were sifted from the earth and the metal rebars were ripped from the ground. The pool, built in the early 1950s, was sturdy and difficult to remove.

At night, before the pool was gone, we would hear the song of the hundreds of bull frogs who made their home in the dank water of the algae-filled pool. Their song would echo through the evening air. Suddenly, there were no more frogs, but the sound of machinery and jackhammers removing cement and old cracked tile.

After the pool was demolished, it had to be filled with fill dirt and sand, so that the ground would drain. Hubby was in charge of that project, also.

"Well, I think I have it just right for the wedding," he told me during the month of September. The sod was placed on top of the fresh earth and we planted "Karen's Azaleas" in the garden. We bought crepe myrtle trees and lined them just so they would form a canopy for our walk down the wooded aisle. The seats were rented and placed under the Dutch elm tree. The tent was placed, brightly striped with white and yellow, blending into the fall landscape. The caterer planned a picnic lunch for eighty guests. My dress was purple; his tux was black with a burgundy cummerbund and bow tie.

That Sunday in October began like every other day for the last three months. It was sunny and fair. But suddenly, something strange began to happen. The skies became gray and dark. The clouds came from nowhere and a torrential rain began to fall.

"It's pouring!" I sobbed, my tears as fat as the drops seeping from the misty sky. The earth was hard as a rock because of the drought and the ground did not absorb the water.

Before we knew it, the swimming pool was back in the yard, not as a pool, contained and scented with chlorine, but a huge puddle the size of Texas. And this immense amount of water remained at the spot where the wedding process was to walk.

"What now?" I asked. The rain continued to fall from the heavens, the thunder rolled, and the music we had chosen for the procession, *We're Goin' To The Chapel and We're Gonna' Get Married,* echoed over the park-like acres of Hubby's backyard. The guests were under the tent, but the bridal party struggled to slog through the dense mud.

"Rain is good luck," my Aunt Aida whispered to me as I walked past her, the hem of my purple gown now brown with spattered mud.

Good luck or not, we got married under the huppa placed at Karen's garden. Hours later, the sun began to shine again. It took weeks to clean the beige carpet inside the house where the guests walked to the bar.

"This was a beautiful wedding," my friends told me as they left, drunk and happy. I was happy, but also soaked with mud. I could never wear those shoes again.

My mother used to say (in Yiddish as she predates John Lennon) that, "When man plans, God laughs." I say, "Laugh along with God because sometimes, there is little else you can do."

# Someone to Watch over Me

I am in the room on the second floor of Suburban Hospital in Washington, D.C. Hubby's mother is failing.

"I think she is going to die," says his sister to no one in particular. "Mom is hallucinating."

His mother says, "Tell that man in the corner to move! I can't see the TV."

Of course, there is no man in the corner. The TV is off.

And so it goes, for weeks on end. She is moved from here to there, one hospital to the next, one psych ward, and one old age home. Finally, she is on the second floor of yet another hospital. She is on a feeding tube.

She has not been lucid for many days, and we are surprised when, we next visit her.

"Hi, dear," she says as if no time has passed, as if she had not been running a hundred and five degree fever, as if each moment we were not waiting the phone call to let us know she was dead.

No, this night she was laughing, pink in her cheeks, hungry, wanting solid food.

The next day the doctors declared her well enough to be moved to a nursing home several miles away. The ambulance carried her over the bumps in the road, around the sharp corners, and speeds along the beltway to find the nursing facility.

Hubby and I arrive later that night.

She is white. Pale cheeks, eyes sullen and black. Her lids barely open. She takes my hand.

"Do your parents know about this?" she asks.

"About what?" I reply

About the wedding and about my son losing his bachelorhood. I am so glad he will have someone to watch over him. I taught him to live on his own. He is very independent, but I don't want him to be lonesome. I worry who will take care of him when I am gone."

"I will take care of him," I answer, mostly to make her feel better as there is no wedding and no engagement. I am still married to Hubby #1.

"Tell your parents," she repeats, but I don't have the heart to tell her I no longer have parents.

I imagine my mother waiting to grab Hubby's mother in heaven. My mother would be happy for my choice, as security was a big issue for her.

The next night, we find his mother on an operating table used as a bed, under the fluorescent lights in the dining hall. It seems her roommate had died, and that the cold body remained in their shared bedroom. According to health rules, his mother can't stay in the room until the family retrieves the dead body, but the family is out of town and cannot be reached. So, there she is. Silent.

Staring blankly at the white-speckled ceiling a few feet from the mashed potatoes and gravy still hot from the early dinner.

That night, she dies. I think my mother saw the whole scene from her secure perch above us.

I think my mother knew that this was a match, for many reasons of need and safety, made in heaven. My heart tells me so.

# THIS CHRISTMAS CARD TRACKER

## Belongs To:

A

| NAME: | | | ADDRESS: | | | | | | | |
|---|---|---|---|---|---|---|---|---|---|---|
| Year | 20__ | 20__ | 20__ | 20__ | 20__ | 20__ | 20__ | 20__ | 20__ | 20__ |
| S | | | | | | | | | | |
| R | | | | | | | | | | |

| NAME: | | | ADDRESS: | | | | | | | |
|---|---|---|---|---|---|---|---|---|---|---|
| Year | 20__ | 20__ | 20__ | 20__ | 20__ | 20__ | 20__ | 20__ | 20__ | 20__ |
| S | | | | | | | | | | |
| R | | | | | | | | | | |

| NAME: | | | ADDRESS: | | | | | | | |
|---|---|---|---|---|---|---|---|---|---|---|
| Year | 20__ | 20__ | 20__ | 20__ | 20__ | 20__ | 20__ | 20__ | 20__ | 20__ |
| S | | | | | | | | | | |
| R | | | | | | | | | | |

| NAME: | | | ADDRESS: | | | | | | | |
|---|---|---|---|---|---|---|---|---|---|---|
| Year | 20__ | 20__ | 20__ | 20__ | 20__ | 20__ | 20__ | 20__ | 20__ | 20__ |
| S | | | | | | | | | | |
| R | | | | | | | | | | |

A

| NAME: | | | | ADDRESS: | | | | | | |
|---|---|---|---|---|---|---|---|---|---|---|
| Year | 20__ | 20__ | 20__ | 20__ | 20__ | 20__ | 20__ | 20__ | 20__ | 20__ |
| S | | | | | | | | | | |
| R | | | | | | | | | | |

| NAME: | | | | ADDRESS: | | | | | | |
|---|---|---|---|---|---|---|---|---|---|---|
| Year | 20__ | 20__ | 20__ | 20__ | 20__ | 20__ | 20__ | 20__ | 20__ | 20__ |
| S | | | | | | | | | | |
| R | | | | | | | | | | |

| NAME: | | | | ADDRESS: | | | | | | |
|---|---|---|---|---|---|---|---|---|---|---|
| Year | 20__ | 20__ | 20__ | 20__ | 20__ | 20__ | 20__ | 20__ | 20__ | 20__ |
| S | | | | | | | | | | |
| R | | | | | | | | | | |

| NAME: | | | | ADDRESS: | | | | | | |
|---|---|---|---|---|---|---|---|---|---|---|
| Year | 20__ | 20__ | 20__ | 20__ | 20__ | 20__ | 20__ | 20__ | 20__ | 20__ |
| S | | | | | | | | | | |
| R | | | | | | | | | | |

**A**

| NAME: | | | | ADDRESS: | | | | | | |
|---|---|---|---|---|---|---|---|---|---|---|
| Year | 20__ | 20__ | 20__ | 20__ | 20__ | 20__ | 20__ | 20__ | 20__ | 20__ |
| S | | | | | | | | | | |
| R | | | | | | | | | | |

| NAME: | | | | ADDRESS: | | | | | | |
|---|---|---|---|---|---|---|---|---|---|---|
| Year | 20__ | 20__ | 20__ | 20__ | 20__ | 20__ | 20__ | 20__ | 20__ | 20__ |
| S | | | | | | | | | | |
| R | | | | | | | | | | |

| NAME: | | | | ADDRESS: | | | | | | |
|---|---|---|---|---|---|---|---|---|---|---|
| Year | 20__ | 20__ | 20__ | 20__ | 20__ | 20__ | 20__ | 20__ | 20__ | 20__ |
| S | | | | | | | | | | |
| R | | | | | | | | | | |

| NAME: | | | | ADDRESS: | | | | | | |
|---|---|---|---|---|---|---|---|---|---|---|
| Year | 20__ | 20__ | 20__ | 20__ | 20__ | 20__ | 20__ | 20__ | 20__ | 20__ |
| S | | | | | | | | | | |
| R | | | | | | | | | | |

**A**

| NAME: | | | | ADDRESS: | | | | | | |
|---|---|---|---|---|---|---|---|---|---|---|
| Year | 20__ | 20__ | 20__ | 20__ | 20__ | 20__ | 20__ | 20__ | 20__ | 20__ |
| S | | | | | | | | | | |
| R | | | | | | | | | | |

| NAME: | | | | ADDRESS: | | | | | | |
|---|---|---|---|---|---|---|---|---|---|---|
| Year | 20__ | 20__ | 20__ | 20__ | 20__ | 20__ | 20__ | 20__ | 20__ | 20__ |
| S | | | | | | | | | | |
| R | | | | | | | | | | |

| NAME: | | | | ADDRESS: | | | | | | |
|---|---|---|---|---|---|---|---|---|---|---|
| Year | 20__ | 20__ | 20__ | 20__ | 20__ | 20__ | 20__ | 20__ | 20__ | 20__ |
| S | | | | | | | | | | |
| R | | | | | | | | | | |

| NAME: | | | | ADDRESS: | | | | | | |
|---|---|---|---|---|---|---|---|---|---|---|
| Year | 20__ | 20__ | 20__ | 20__ | 20__ | 20__ | 20__ | 20__ | 20__ | 20__ |
| S | | | | | | | | | | |
| R | | | | | | | | | | |

**A**

| NAME: | | | ADDRESS: | | | | | | | |
|---|---|---|---|---|---|---|---|---|---|---|
| Year | 20__ | 20__ | 20__ | 20__ | 20__ | 20__ | 20__ | 20__ | 20__ | 20__ |
| S | | | | | | | | | | |
| R | | | | | | | | | | |

| NAME: | | | ADDRESS: | | | | | | | |
|---|---|---|---|---|---|---|---|---|---|---|
| Year | 20__ | 20__ | 20__ | 20__ | 20__ | 20__ | 20__ | 20__ | 20__ | 20__ |
| S | | | | | | | | | | |
| R | | | | | | | | | | |

| NAME: | | | ADDRESS: | | | | | | | |
|---|---|---|---|---|---|---|---|---|---|---|
| Year | 20__ | 20__ | 20__ | 20__ | 20__ | 20__ | 20__ | 20__ | 20__ | 20__ |
| S | | | | | | | | | | |
| R | | | | | | | | | | |

| NAME: | | | ADDRESS: | | | | | | | |
|---|---|---|---|---|---|---|---|---|---|---|
| Year | 20__ | 20__ | 20__ | 20__ | 20__ | 20__ | 20__ | 20__ | 20__ | 20__ |
| S | | | | | | | | | | |
| R | | | | | | | | | | |

B

| NAME: | | | | ADDRESS: | | | | | | |
|---|---|---|---|---|---|---|---|---|---|---|
| Year | 20__ | 20__ | 20__ | 20__ | 20__ | 20__ | 20__ | 20__ | 20__ | 20__ |
| S | | | | | | | | | | |
| R | | | | | | | | | | |

| NAME: | | | | ADDRESS: | | | | | | |
|---|---|---|---|---|---|---|---|---|---|---|
| Year | 20__ | 20__ | 20__ | 20__ | 20__ | 20__ | 20__ | 20__ | 20__ | 20__ |
| S | | | | | | | | | | |
| R | | | | | | | | | | |

| NAME: | | | | ADDRESS: | | | | | | |
|---|---|---|---|---|---|---|---|---|---|---|
| Year | 20__ | 20__ | 20__ | 20__ | 20__ | 20__ | 20__ | 20__ | 20__ | 20__ |
| S | | | | | | | | | | |
| R | | | | | | | | | | |

| NAME: | | | | ADDRESS: | | | | | | |
|---|---|---|---|---|---|---|---|---|---|---|
| Year | 20__ | 20__ | 20__ | 20__ | 20__ | 20__ | 20__ | 20__ | 20__ | 20__ |
| S | | | | | | | | | | |
| R | | | | | | | | | | |

**B**

| NAME: | | | | ADDRESS: | | | | | | |
|---|---|---|---|---|---|---|---|---|---|---|
| Year | 20__ | 20__ | 20__ | 20__ | 20__ | 20__ | 20__ | 20__ | 20__ | 20__ |
| S | | | | | | | | | | |
| R | | | | | | | | | | |

| NAME: | | | | ADDRESS: | | | | | | |
|---|---|---|---|---|---|---|---|---|---|---|
| Year | 20__ | 20__ | 20__ | 20__ | 20__ | 20__ | 20__ | 20__ | 20__ | 20__ |
| S | | | | | | | | | | |
| R | | | | | | | | | | |

| NAME: | | | | ADDRESS: | | | | | | |
|---|---|---|---|---|---|---|---|---|---|---|
| Year | 20__ | 20__ | 20__ | 20__ | 20__ | 20__ | 20__ | 20__ | 20__ | 20__ |
| S | | | | | | | | | | |
| R | | | | | | | | | | |

| NAME: | | | | ADDRESS: | | | | | | |
|---|---|---|---|---|---|---|---|---|---|---|
| Year | 20__ | 20__ | 20__ | 20__ | 20__ | 20__ | 20__ | 20__ | 20__ | 20__ |
| S | | | | | | | | | | |
| R | | | | | | | | | | |

**B**

| NAME: | | | | ADDRESS: | | | | | | |
|---|---|---|---|---|---|---|---|---|---|---|
| Year | 20__ | 20__ | 20__ | 20__ | 20__ | 20__ | 20__ | 20__ | 20__ | 20__ |
| S | | | | | | | | | | |
| R | | | | | | | | | | |

| NAME: | | | | ADDRESS: | | | | | | |
|---|---|---|---|---|---|---|---|---|---|---|
| Year | 20__ | 20__ | 20__ | 20__ | 20__ | 20__ | 20__ | 20__ | 20__ | 20__ |
| S | | | | | | | | | | |
| R | | | | | | | | | | |

| NAME: | | | | ADDRESS: | | | | | | |
|---|---|---|---|---|---|---|---|---|---|---|
| Year | 20__ | 20__ | 20__ | 20__ | 20__ | 20__ | 20__ | 20__ | 20__ | 20__ |
| S | | | | | | | | | | |
| R | | | | | | | | | | |

| NAME: | | | | ADDRESS: | | | | | | |
|---|---|---|---|---|---|---|---|---|---|---|
| Year | 20__ | 20__ | 20__ | 20__ | 20__ | 20__ | 20__ | 20__ | 20__ | 20__ |
| S | | | | | | | | | | |
| R | | | | | | | | | | |

**B**

| NAME: | | | ADDRESS: | | | | | | |
|---|---|---|---|---|---|---|---|---|---|
| Year | 20__ | 20__ | 20__ | 20__ | 20__ | 20__ | 20__ | 20__ | 20__ |
| S | | | | | | | | | |
| R | | | | | | | | | |

| NAME: | | | ADDRESS: | | | | | | |
|---|---|---|---|---|---|---|---|---|---|
| Year | 20__ | 20__ | 20__ | 20__ | 20__ | 20__ | 20__ | 20__ | 20__ |
| S | | | | | | | | | |
| R | | | | | | | | | |

| NAME: | | | ADDRESS: | | | | | | |
|---|---|---|---|---|---|---|---|---|---|
| Year | 20__ | 20__ | 20__ | 20__ | 20__ | 20__ | 20__ | 20__ | 20__ |
| S | | | | | | | | | |
| R | | | | | | | | | |

| NAME: | | | ADDRESS: | | | | | | |
|---|---|---|---|---|---|---|---|---|---|
| Year | 20__ | 20__ | 20__ | 20__ | 20__ | 20__ | 20__ | 20__ | 20__ |
| S | | | | | | | | | |
| R | | | | | | | | | |

**B**

| NAME: | | | ADDRESS: | | | | | | | |
|---|---|---|---|---|---|---|---|---|---|---|
| Year | 20__ | 20__ | 20__ | 20__ | 20__ | 20__ | 20__ | 20__ | 20__ | 20__ |
| S | | | | | | | | | | |
| R | | | | | | | | | | |

| NAME: | | | ADDRESS: | | | | | | | |
|---|---|---|---|---|---|---|---|---|---|---|
| Year | 20__ | 20__ | 20__ | 20__ | 20__ | 20__ | 20__ | 20__ | 20__ | 20__ |
| S | | | | | | | | | | |
| R | | | | | | | | | | |

| NAME: | | | ADDRESS: | | | | | | | |
|---|---|---|---|---|---|---|---|---|---|---|
| Year | 20__ | 20__ | 20__ | 20__ | 20__ | 20__ | 20__ | 20__ | 20__ | 20__ |
| S | | | | | | | | | | |
| R | | | | | | | | | | |

| NAME: | | | ADDRESS: | | | | | | | |
|---|---|---|---|---|---|---|---|---|---|---|
| Year | 20__ | 20__ | 20__ | 20__ | 20__ | 20__ | 20__ | 20__ | 20__ | 20__ |
| S | | | | | | | | | | |
| R | | | | | | | | | | |

C

| NAME: | | | ADDRESS: | | | | | | | |
|---|---|---|---|---|---|---|---|---|---|---|
| Year | 20__ | 20__ | 20__ | 20__ | 20__ | 20__ | 20__ | 20__ | 20__ | 20__ |
| S | | | | | | | | | | |
| R | | | | | | | | | | |

| NAME: | | | ADDRESS: | | | | | | | |
|---|---|---|---|---|---|---|---|---|---|---|
| Year | 20__ | 20__ | 20__ | 20__ | 20__ | 20__ | 20__ | 20__ | 20__ | 20__ |
| S | | | | | | | | | | |
| R | | | | | | | | | | |

| NAME: | | | ADDRESS: | | | | | | | |
|---|---|---|---|---|---|---|---|---|---|---|
| Year | 20__ | 20__ | 20__ | 20__ | 20__ | 20__ | 20__ | 20__ | 20__ | 20__ |
| S | | | | | | | | | | |
| R | | | | | | | | | | |

| NAME: | | | ADDRESS: | | | | | | | |
|---|---|---|---|---|---|---|---|---|---|---|
| Year | 20__ | 20__ | 20__ | 20__ | 20__ | 20__ | 20__ | 20__ | 20__ | 20__ |
| S | | | | | | | | | | |
| R | | | | | | | | | | |

C

| NAME: | | | ADDRESS: | | | | | | | |
|---|---|---|---|---|---|---|---|---|---|---|
| Year | 20__ | 20__ | 20__ | 20__ | 20__ | 20__ | 20__ | 20__ | 20__ | 20__ |
| S | | | | | | | | | | |
| R | | | | | | | | | | |

| NAME: | | | ADDRESS: | | | | | | | |
|---|---|---|---|---|---|---|---|---|---|---|
| Year | 20__ | 20__ | 20__ | 20__ | 20__ | 20__ | 20__ | 20__ | 20__ | 20__ |
| S | | | | | | | | | | |
| R | | | | | | | | | | |

| NAME: | | | ADDRESS: | | | | | | | |
|---|---|---|---|---|---|---|---|---|---|---|
| Year | 20__ | 20__ | 20__ | 20__ | 20__ | 20__ | 20__ | 20__ | 20__ | 20__ |
| S | | | | | | | | | | |
| R | | | | | | | | | | |

| NAME: | | | ADDRESS: | | | | | | | |
|---|---|---|---|---|---|---|---|---|---|---|
| Year | 20__ | 20__ | 20__ | 20__ | 20__ | 20__ | 20__ | 20__ | 20__ | 20__ |
| S | | | | | | | | | | |
| R | | | | | | | | | | |

**C**

| NAME: | | | ADDRESS: | | | | | | |
|---|---|---|---|---|---|---|---|---|---|
| Year | 20__ | 20__ | 20__ | 20__ | 20__ | 20__ | 20__ | 20__ | 20__ |
| S | | | | | | | | | |
| R | | | | | | | | | |

| NAME: | | | ADDRESS: | | | | | | |
|---|---|---|---|---|---|---|---|---|---|
| Year | 20__ | 20__ | 20__ | 20__ | 20__ | 20__ | 20__ | 20__ | 20__ |
| S | | | | | | | | | |
| R | | | | | | | | | |

| NAME: | | | ADDRESS: | | | | | | |
|---|---|---|---|---|---|---|---|---|---|
| Year | 20__ | 20__ | 20__ | 20__ | 20__ | 20__ | 20__ | 20__ | 20__ |
| S | | | | | | | | | |
| R | | | | | | | | | |

| NAME: | | | ADDRESS: | | | | | | |
|---|---|---|---|---|---|---|---|---|---|
| Year | 20__ | 20__ | 20__ | 20__ | 20__ | 20__ | 20__ | 20__ | 20__ |
| S | | | | | | | | | |
| R | | | | | | | | | |

## C

| NAME: | | | ADDRESS: | | | | | | |
|---|---|---|---|---|---|---|---|---|---|
| Year | 20__ | 20__ | 20__ | 20__ | 20__ | 20__ | 20__ | 20__ | 20__ |
| S | | | | | | | | | |
| R | | | | | | | | | |

| NAME: | | | ADDRESS: | | | | | | |
|---|---|---|---|---|---|---|---|---|---|
| Year | 20__ | 20__ | 20__ | 20__ | 20__ | 20__ | 20__ | 20__ | 20__ |
| S | | | | | | | | | |
| R | | | | | | | | | |

| NAME: | | | ADDRESS: | | | | | | |
|---|---|---|---|---|---|---|---|---|---|
| Year | 20__ | 20__ | 20__ | 20__ | 20__ | 20__ | 20__ | 20__ | 20__ |
| S | | | | | | | | | |
| R | | | | | | | | | |

| NAME: | | | ADDRESS: | | | | | | |
|---|---|---|---|---|---|---|---|---|---|
| Year | 20__ | 20__ | 20__ | 20__ | 20__ | 20__ | 20__ | 20__ | 20__ |
| S | | | | | | | | | |
| R | | | | | | | | | |

# C

| NAME: | | | | ADDRESS: | | | | | | |
|---|---|---|---|---|---|---|---|---|---|---|
| Year | 20__ | 20__ | 20__ | 20__ | 20__ | 20__ | 20__ | 20__ | 20__ | 20__ |
| S | | | | | | | | | | |
| R | | | | | | | | | | |

| NAME: | | | | ADDRESS: | | | | | | |
|---|---|---|---|---|---|---|---|---|---|---|
| Year | 20__ | 20__ | 20__ | 20__ | 20__ | 20__ | 20__ | 20__ | 20__ | 20__ |
| S | | | | | | | | | | |
| R | | | | | | | | | | |

| NAME: | | | | ADDRESS: | | | | | | |
|---|---|---|---|---|---|---|---|---|---|---|
| Year | 20__ | 20__ | 20__ | 20__ | 20__ | 20__ | 20__ | 20__ | 20__ | 20__ |
| S | | | | | | | | | | |
| R | | | | | | | | | | |

| NAME: | | | | ADDRESS: | | | | | | |
|---|---|---|---|---|---|---|---|---|---|---|
| Year | 20__ | 20__ | 20__ | 20__ | 20__ | 20__ | 20__ | 20__ | 20__ | 20__ |
| S | | | | | | | | | | |
| R | | | | | | | | | | |

D

| NAME: | | | | ADDRESS: | | | | | | |
|---|---|---|---|---|---|---|---|---|---|---|
| Year | 20__ | 20__ | 20__ | 20__ | 20__ | 20__ | 20__ | 20__ | 20__ | 20__ |
| S | | | | | | | | | | |
| R | | | | | | | | | | |

| NAME: | | | | ADDRESS: | | | | | | |
|---|---|---|---|---|---|---|---|---|---|---|
| Year | 20__ | 20__ | 20__ | 20__ | 20__ | 20__ | 20__ | 20__ | 20__ | 20__ |
| S | | | | | | | | | | |
| R | | | | | | | | | | |

| NAME: | | | | ADDRESS: | | | | | | |
|---|---|---|---|---|---|---|---|---|---|---|
| Year | 20__ | 20__ | 20__ | 20__ | 20__ | 20__ | 20__ | 20__ | 20__ | 20__ |
| S | | | | | | | | | | |
| R | | | | | | | | | | |

| NAME: | | | | ADDRESS: | | | | | | |
|---|---|---|---|---|---|---|---|---|---|---|
| Year | 20__ | 20__ | 20__ | 20__ | 20__ | 20__ | 20__ | 20__ | 20__ | 20__ |
| S | | | | | | | | | | |
| R | | | | | | | | | | |

D

| NAME: | | | ADDRESS: | | | | | | |
|---|---|---|---|---|---|---|---|---|---|
| Year | 20__ | 20__ | 20__ | 20__ | 20__ | 20__ | 20__ | 20__ | 20__ |
| S | | | | | | | | | |
| R | | | | | | | | | |

| NAME: | | | ADDRESS: | | | | | | |
|---|---|---|---|---|---|---|---|---|---|
| Year | 20__ | 20__ | 20__ | 20__ | 20__ | 20__ | 20__ | 20__ | 20__ |
| S | | | | | | | | | |
| R | | | | | | | | | |

| NAME: | | | ADDRESS: | | | | | | |
|---|---|---|---|---|---|---|---|---|---|
| Year | 20__ | 20__ | 20__ | 20__ | 20__ | 20__ | 20__ | 20__ | 20__ |
| S | | | | | | | | | |
| R | | | | | | | | | |

| NAME: | | | ADDRESS: | | | | | | |
|---|---|---|---|---|---|---|---|---|---|
| Year | 20__ | 20__ | 20__ | 20__ | 20__ | 20__ | 20__ | 20__ | 20__ |
| S | | | | | | | | | |
| R | | | | | | | | | |

# D

| NAME: | | | ADDRESS: | | | | | | | |
|---|---|---|---|---|---|---|---|---|---|---|
| Year | 20__ | 20__ | 20__ | 20__ | 20__ | 20__ | 20__ | 20__ | 20__ | 20__ |
| S | | | | | | | | | | |
| R | | | | | | | | | | |

| NAME: | | | ADDRESS: | | | | | | | |
|---|---|---|---|---|---|---|---|---|---|---|
| Year | 20__ | 20__ | 20__ | 20__ | 20__ | 20__ | 20__ | 20__ | 20__ | 20__ |
| S | | | | | | | | | | |
| R | | | | | | | | | | |

| NAME: | | | ADDRESS: | | | | | | | |
|---|---|---|---|---|---|---|---|---|---|---|
| Year | 20__ | 20__ | 20__ | 20__ | 20__ | 20__ | 20__ | 20__ | 20__ | 20__ |
| S | | | | | | | | | | |
| R | | | | | | | | | | |

| NAME: | | | ADDRESS: | | | | | | | |
|---|---|---|---|---|---|---|---|---|---|---|
| Year | 20__ | 20__ | 20__ | 20__ | 20__ | 20__ | 20__ | 20__ | 20__ | 20__ |
| S | | | | | | | | | | |
| R | | | | | | | | | | |

D

| NAME: | | | | ADDRESS: | | | | | | |
|---|---|---|---|---|---|---|---|---|---|---|
| Year | 20__ | 20__ | 20__ | 20__ | 20__ | 20__ | 20__ | 20__ | 20__ | 20__ |
| S | | | | | | | | | | |
| R | | | | | | | | | | |

| NAME: | | | | ADDRESS: | | | | | | |
|---|---|---|---|---|---|---|---|---|---|---|
| Year | 20__ | 20__ | 20__ | 20__ | 20__ | 20__ | 20__ | 20__ | 20__ | 20__ |
| S | | | | | | | | | | |
| R | | | | | | | | | | |

| NAME: | | | | ADDRESS: | | | | | | |
|---|---|---|---|---|---|---|---|---|---|---|
| Year | 20__ | 20__ | 20__ | 20__ | 20__ | 20__ | 20__ | 20__ | 20__ | 20__ |
| S | | | | | | | | | | |
| R | | | | | | | | | | |

| NAME: | | | | ADDRESS: | | | | | | |
|---|---|---|---|---|---|---|---|---|---|---|
| Year | 20__ | 20__ | 20__ | 20__ | 20__ | 20__ | 20__ | 20__ | 20__ | 20__ |
| S | | | | | | | | | | |
| R | | | | | | | | | | |

**D**

| NAME: | | | | ADDRESS: | | | | | | |
|---|---|---|---|---|---|---|---|---|---|---|
| Year | 20__ | 20__ | 20__ | 20__ | 20__ | 20__ | 20__ | 20__ | 20__ | 20__ |
| S | | | | | | | | | | |
| R | | | | | | | | | | |

| NAME: | | | | ADDRESS: | | | | | | |
|---|---|---|---|---|---|---|---|---|---|---|
| Year | 20__ | 20__ | 20__ | 20__ | 20__ | 20__ | 20__ | 20__ | 20__ | 20__ |
| S | | | | | | | | | | |
| R | | | | | | | | | | |

| NAME: | | | | ADDRESS: | | | | | | |
|---|---|---|---|---|---|---|---|---|---|---|
| Year | 20__ | 20__ | 20__ | 20__ | 20__ | 20__ | 20__ | 20__ | 20__ | 20__ |
| S | | | | | | | | | | |
| R | | | | | | | | | | |

| NAME: | | | | ADDRESS: | | | | | | |
|---|---|---|---|---|---|---|---|---|---|---|
| Year | 20__ | 20__ | 20__ | 20__ | 20__ | 20__ | 20__ | 20__ | 20__ | 20__ |
| S | | | | | | | | | | |
| R | | | | | | | | | | |

**E**

| NAME: | | | ADDRESS: | | | | | | |
|---|---|---|---|---|---|---|---|---|---|
| Year | 20__ | 20__ | 20__ | 20__ | 20__ | 20__ | 20__ | 20__ | 20__ |
| S | | | | | | | | | |
| R | | | | | | | | | |

| NAME: | | | ADDRESS: | | | | | | |
|---|---|---|---|---|---|---|---|---|---|
| Year | 20__ | 20__ | 20__ | 20__ | 20__ | 20__ | 20__ | 20__ | 20__ |
| S | | | | | | | | | |
| R | | | | | | | | | |

| NAME: | | | ADDRESS: | | | | | | |
|---|---|---|---|---|---|---|---|---|---|
| Year | 20__ | 20__ | 20__ | 20__ | 20__ | 20__ | 20__ | 20__ | 20__ |
| S | | | | | | | | | |
| R | | | | | | | | | |

| NAME: | | | ADDRESS: | | | | | | |
|---|---|---|---|---|---|---|---|---|---|
| Year | 20__ | 20__ | 20__ | 20__ | 20__ | 20__ | 20__ | 20__ | 20__ |
| S | | | | | | | | | |
| R | | | | | | | | | |

# E

| NAME: | | | | ADDRESS: | | | | | | |
|---|---|---|---|---|---|---|---|---|---|---|
| Year | 20__ | 20__ | 20__ | 20__ | 20__ | 20__ | 20__ | 20__ | 20__ | 20__ |
| S | | | | | | | | | | |
| R | | | | | | | | | | |

| NAME: | | | | ADDRESS: | | | | | | |
|---|---|---|---|---|---|---|---|---|---|---|
| Year | 20__ | 20__ | 20__ | 20__ | 20__ | 20__ | 20__ | 20__ | 20__ | 20__ |
| S | | | | | | | | | | |
| R | | | | | | | | | | |

| NAME: | | | | ADDRESS: | | | | | | |
|---|---|---|---|---|---|---|---|---|---|---|
| Year | 20__ | 20__ | 20__ | 20__ | 20__ | 20__ | 20__ | 20__ | 20__ | 20__ |
| S | | | | | | | | | | |
| R | | | | | | | | | | |

| NAME: | | | | ADDRESS: | | | | | | |
|---|---|---|---|---|---|---|---|---|---|---|
| Year | 20__ | 20__ | 20__ | 20__ | 20__ | 20__ | 20__ | 20__ | 20__ | 20__ |
| S | | | | | | | | | | |
| R | | | | | | | | | | |

E

| NAME: | | | | ADDRESS: | | | | | | |
|---|---|---|---|---|---|---|---|---|---|---|
| Year | 20__ | 20__ | 20__ | 20__ | 20__ | 20__ | 20__ | 20__ | 20__ | 20__ |
| S | | | | | | | | | | |
| R | | | | | | | | | | |

| NAME: | | | | ADDRESS: | | | | | | |
|---|---|---|---|---|---|---|---|---|---|---|
| Year | 20__ | 20__ | 20__ | 20__ | 20__ | 20__ | 20__ | 20__ | 20__ | 20__ |
| S | | | | | | | | | | |
| R | | | | | | | | | | |

| NAME: | | | | ADDRESS: | | | | | | |
|---|---|---|---|---|---|---|---|---|---|---|
| Year | 20__ | 20__ | 20__ | 20__ | 20__ | 20__ | 20__ | 20__ | 20__ | 20__ |
| S | | | | | | | | | | |
| R | | | | | | | | | | |

| NAME: | | | | ADDRESS: | | | | | | |
|---|---|---|---|---|---|---|---|---|---|---|
| Year | 20__ | 20__ | 20__ | 20__ | 20__ | 20__ | 20__ | 20__ | 20__ | 20__ |
| S | | | | | | | | | | |
| R | | | | | | | | | | |

**E**

| NAME: | | | | ADDRESS: | | | | | | |
|---|---|---|---|---|---|---|---|---|---|---|
| Year | 20__ | 20__ | 20__ | 20__ | 20__ | 20__ | 20__ | 20__ | 20__ | 20__ |
| S | | | | | | | | | | |
| R | | | | | | | | | | |

| NAME: | | | | ADDRESS: | | | | | | |
|---|---|---|---|---|---|---|---|---|---|---|
| Year | 20__ | 20__ | 20__ | 20__ | 20__ | 20__ | 20__ | 20__ | 20__ | 20__ |
| S | | | | | | | | | | |
| R | | | | | | | | | | |

| NAME: | | | | ADDRESS: | | | | | | |
|---|---|---|---|---|---|---|---|---|---|---|
| Year | 20__ | 20__ | 20__ | 20__ | 20__ | 20__ | 20__ | 20__ | 20__ | 20__ |
| S | | | | | | | | | | |
| R | | | | | | | | | | |

| NAME: | | | | ADDRESS: | | | | | | |
|---|---|---|---|---|---|---|---|---|---|---|
| Year | 20__ | 20__ | 20__ | 20__ | 20__ | 20__ | 20__ | 20__ | 20__ | 20__ |
| S | | | | | | | | | | |
| R | | | | | | | | | | |

E

| NAME: | | | ADDRESS: | | | | | | | |
|---|---|---|---|---|---|---|---|---|---|---|
| Year | 20__ | 20__ | 20__ | 20__ | 20__ | 20__ | 20__ | 20__ | 20__ | 20__ |
| S | | | | | | | | | | |
| R | | | | | | | | | | |

| NAME: | | | ADDRESS: | | | | | | | |
|---|---|---|---|---|---|---|---|---|---|---|
| Year | 20__ | 20__ | 20__ | 20__ | 20__ | 20__ | 20__ | 20__ | 20__ | 20__ |
| S | | | | | | | | | | |
| R | | | | | | | | | | |

| NAME: | | | ADDRESS: | | | | | | | |
|---|---|---|---|---|---|---|---|---|---|---|
| Year | 20__ | 20__ | 20__ | 20__ | 20__ | 20__ | 20__ | 20__ | 20__ | 20__ |
| S | | | | | | | | | | |
| R | | | | | | | | | | |

| NAME: | | | ADDRESS: | | | | | | | |
|---|---|---|---|---|---|---|---|---|---|---|
| Year | 20__ | 20__ | 20__ | 20__ | 20__ | 20__ | 20__ | 20__ | 20__ | 20__ |
| S | | | | | | | | | | |
| R | | | | | | | | | | |

F

| NAME: | | | | ADDRESS: | | | | | | |
|---|---|---|---|---|---|---|---|---|---|---|
| Year | 20__ | 20__ | 20__ | 20__ | 20__ | 20__ | 20__ | 20__ | 20__ | 20__ |
| S | | | | | | | | | | |
| R | | | | | | | | | | |

| NAME: | | | | ADDRESS: | | | | | | |
|---|---|---|---|---|---|---|---|---|---|---|
| Year | 20__ | 20__ | 20__ | 20__ | 20__ | 20__ | 20__ | 20__ | 20__ | 20__ |
| S | | | | | | | | | | |
| R | | | | | | | | | | |

| NAME: | | | | ADDRESS: | | | | | | |
|---|---|---|---|---|---|---|---|---|---|---|
| Year | 20__ | 20__ | 20__ | 20__ | 20__ | 20__ | 20__ | 20__ | 20__ | 20__ |
| S | | | | | | | | | | |
| R | | | | | | | | | | |

| NAME: | | | | ADDRESS: | | | | | | |
|---|---|---|---|---|---|---|---|---|---|---|
| Year | 20__ | 20__ | 20__ | 20__ | 20__ | 20__ | 20__ | 20__ | 20__ | 20__ |
| S | | | | | | | | | | |
| R | | | | | | | | | | |

F

| NAME: | | | | ADDRESS: | | | | | | |
|---|---|---|---|---|---|---|---|---|---|---|
| Year | 20__ | 20__ | 20__ | 20__ | 20__ | 20__ | 20__ | 20__ | 20__ | 20__ |
| S | | | | | | | | | | |
| R | | | | | | | | | | |

| NAME: | | | | ADDRESS: | | | | | | |
|---|---|---|---|---|---|---|---|---|---|---|
| Year | 20__ | 20__ | 20__ | 20__ | 20__ | 20__ | 20__ | 20__ | 20__ | 20__ |
| S | | | | | | | | | | |
| R | | | | | | | | | | |

| NAME: | | | | ADDRESS: | | | | | | |
|---|---|---|---|---|---|---|---|---|---|---|
| Year | 20__ | 20__ | 20__ | 20__ | 20__ | 20__ | 20__ | 20__ | 20__ | 20__ |
| S | | | | | | | | | | |
| R | | | | | | | | | | |

| NAME: | | | | ADDRESS: | | | | | | |
|---|---|---|---|---|---|---|---|---|---|---|
| Year | 20__ | 20__ | 20__ | 20__ | 20__ | 20__ | 20__ | 20__ | 20__ | 20__ |
| S | | | | | | | | | | |
| R | | | | | | | | | | |

F

| NAME: | | | | ADDRESS: | | | | | | |
|---|---|---|---|---|---|---|---|---|---|---|
| Year | 20__ | 20__ | 20__ | 20__ | 20__ | 20__ | 20__ | 20__ | 20__ | 20__ |
| S | | | | | | | | | | |
| R | | | | | | | | | | |

| NAME: | | | | ADDRESS: | | | | | | |
|---|---|---|---|---|---|---|---|---|---|---|
| Year | 20__ | 20__ | 20__ | 20__ | 20__ | 20__ | 20__ | 20__ | 20__ | 20__ |
| S | | | | | | | | | | |
| R | | | | | | | | | | |

| NAME: | | | | ADDRESS: | | | | | | |
|---|---|---|---|---|---|---|---|---|---|---|
| Year | 20__ | 20__ | 20__ | 20__ | 20__ | 20__ | 20__ | 20__ | 20__ | 20__ |
| S | | | | | | | | | | |
| R | | | | | | | | | | |

| NAME: | | | | ADDRESS: | | | | | | |
|---|---|---|---|---|---|---|---|---|---|---|
| Year | 20__ | 20__ | 20__ | 20__ | 20__ | 20__ | 20__ | 20__ | 20__ | 20__ |
| S | | | | | | | | | | |
| R | | | | | | | | | | |

# F

| NAME: | | | ADDRESS: | | | | | | | |
|---|---|---|---|---|---|---|---|---|---|---|
| Year | 20__ | 20__ | 20__ | 20__ | 20__ | 20__ | 20__ | 20__ | 20__ | 20__ |
| S | | | | | | | | | | |
| R | | | | | | | | | | |

| NAME: | | | ADDRESS: | | | | | | | |
|---|---|---|---|---|---|---|---|---|---|---|
| Year | 20__ | 20__ | 20__ | 20__ | 20__ | 20__ | 20__ | 20__ | 20__ | 20__ |
| S | | | | | | | | | | |
| R | | | | | | | | | | |

| NAME: | | | ADDRESS: | | | | | | | |
|---|---|---|---|---|---|---|---|---|---|---|
| Year | 20__ | 20__ | 20__ | 20__ | 20__ | 20__ | 20__ | 20__ | 20__ | 20__ |
| S | | | | | | | | | | |
| R | | | | | | | | | | |

| NAME: | | | ADDRESS: | | | | | | | |
|---|---|---|---|---|---|---|---|---|---|---|
| Year | 20__ | 20__ | 20__ | 20__ | 20__ | 20__ | 20__ | 20__ | 20__ | 20__ |
| S | | | | | | | | | | |
| R | | | | | | | | | | |

**F**

| NAME: | | | ADDRESS: | | | | | | | |
|---|---|---|---|---|---|---|---|---|---|---|
| Year | 20__ | 20__ | 20__ | 20__ | 20__ | 20__ | 20__ | 20__ | 20__ | 20__ |
| S | | | | | | | | | | |
| R | | | | | | | | | | |

| NAME: | | | ADDRESS: | | | | | | | |
|---|---|---|---|---|---|---|---|---|---|---|
| Year | 20__ | 20__ | 20__ | 20__ | 20__ | 20__ | 20__ | 20__ | 20__ | 20__ |
| S | | | | | | | | | | |
| R | | | | | | | | | | |

| NAME: | | | ADDRESS: | | | | | | | |
|---|---|---|---|---|---|---|---|---|---|---|
| Year | 20__ | 20__ | 20__ | 20__ | 20__ | 20__ | 20__ | 20__ | 20__ | 20__ |
| S | | | | | | | | | | |
| R | | | | | | | | | | |

| NAME: | | | ADDRESS: | | | | | | | |
|---|---|---|---|---|---|---|---|---|---|---|
| Year | 20__ | 20__ | 20__ | 20__ | 20__ | 20__ | 20__ | 20__ | 20__ | 20__ |
| S | | | | | | | | | | |
| R | | | | | | | | | | |

G

| NAME: | | | | ADDRESS: | | | | | | |
|---|---|---|---|---|---|---|---|---|---|---|
| Year | 20__ | 20__ | 20__ | 20__ | 20__ | 20__ | 20__ | 20__ | 20__ | 20__ |
| S | | | | | | | | | | |
| R | | | | | | | | | | |

| NAME: | | | | ADDRESS: | | | | | | |
|---|---|---|---|---|---|---|---|---|---|---|
| Year | 20__ | 20__ | 20__ | 20__ | 20__ | 20__ | 20__ | 20__ | 20__ | 20__ |
| S | | | | | | | | | | |
| R | | | | | | | | | | |

| NAME: | | | | ADDRESS: | | | | | | |
|---|---|---|---|---|---|---|---|---|---|---|
| Year | 20__ | 20__ | 20__ | 20__ | 20__ | 20__ | 20__ | 20__ | 20__ | 20__ |
| S | | | | | | | | | | |
| R | | | | | | | | | | |

| NAME: | | | | ADDRESS: | | | | | | |
|---|---|---|---|---|---|---|---|---|---|---|
| Year | 20__ | 20__ | 20__ | 20__ | 20__ | 20__ | 20__ | 20__ | 20__ | 20__ |
| S | | | | | | | | | | |
| R | | | | | | | | | | |

G

| NAME: | | | | ADDRESS: | | | | | | |
|---|---|---|---|---|---|---|---|---|---|---|
| Year | 20__ | 20__ | 20__ | 20__ | 20__ | 20__ | 20__ | 20__ | 20__ | 20__ |
| S | | | | | | | | | | |
| R | | | | | | | | | | |

| NAME: | | | | ADDRESS: | | | | | | |
|---|---|---|---|---|---|---|---|---|---|---|
| Year | 20__ | 20__ | 20__ | 20__ | 20__ | 20__ | 20__ | 20__ | 20__ | 20__ |
| S | | | | | | | | | | |
| R | | | | | | | | | | |

| NAME: | | | | ADDRESS: | | | | | | |
|---|---|---|---|---|---|---|---|---|---|---|
| Year | 20__ | 20__ | 20__ | 20__ | 20__ | 20__ | 20__ | 20__ | 20__ | 20__ |
| S | | | | | | | | | | |
| R | | | | | | | | | | |

| NAME: | | | | ADDRESS: | | | | | | |
|---|---|---|---|---|---|---|---|---|---|---|
| Year | 20__ | 20__ | 20__ | 20__ | 20__ | 20__ | 20__ | 20__ | 20__ | 20__ |
| S | | | | | | | | | | |
| R | | | | | | | | | | |

G

| NAME: | | | | ADDRESS: | | | | | | |
|---|---|---|---|---|---|---|---|---|---|---|
| Year | 20__ | 20__ | 20__ | 20__ | 20__ | 20__ | 20__ | 20__ | 20__ | 20__ |
| S | | | | | | | | | | |
| R | | | | | | | | | | |

| NAME: | | | | ADDRESS: | | | | | | |
|---|---|---|---|---|---|---|---|---|---|---|
| Year | 20__ | 20__ | 20__ | 20__ | 20__ | 20__ | 20__ | 20__ | 20__ | 20__ |
| S | | | | | | | | | | |
| R | | | | | | | | | | |

| NAME: | | | | ADDRESS: | | | | | | |
|---|---|---|---|---|---|---|---|---|---|---|
| Year | 20__ | 20__ | 20__ | 20__ | 20__ | 20__ | 20__ | 20__ | 20__ | 20__ |
| S | | | | | | | | | | |
| R | | | | | | | | | | |

| NAME: | | | | ADDRESS: | | | | | | |
|---|---|---|---|---|---|---|---|---|---|---|
| Year | 20__ | 20__ | 20__ | 20__ | 20__ | 20__ | 20__ | 20__ | 20__ | 20__ |
| S | | | | | | | | | | |
| R | | | | | | | | | | |

G

| NAME: | | | ADDRESS: | | | | | | | |
|---|---|---|---|---|---|---|---|---|---|---|
| Year | 20__ | 20__ | 20__ | 20__ | 20__ | 20__ | 20__ | 20__ | 20__ | 20__ |
| S | | | | | | | | | | |
| R | | | | | | | | | | |

| NAME: | | | ADDRESS: | | | | | | | |
|---|---|---|---|---|---|---|---|---|---|---|
| Year | 20__ | 20__ | 20__ | 20__ | 20__ | 20__ | 20__ | 20__ | 20__ | 20__ |
| S | | | | | | | | | | |
| R | | | | | | | | | | |

| NAME: | | | ADDRESS: | | | | | | | |
|---|---|---|---|---|---|---|---|---|---|---|
| Year | 20__ | 20__ | 20__ | 20__ | 20__ | 20__ | 20__ | 20__ | 20__ | 20__ |
| S | | | | | | | | | | |
| R | | | | | | | | | | |

| NAME: | | | ADDRESS: | | | | | | | |
|---|---|---|---|---|---|---|---|---|---|---|
| Year | 20__ | 20__ | 20__ | 20__ | 20__ | 20__ | 20__ | 20__ | 20__ | 20__ |
| S | | | | | | | | | | |
| R | | | | | | | | | | |

# G

**NAME:**          **ADDRESS:**

| Year | 20__ | 20__ | 20__ | 20__ | 20__ | 20__ | 20__ | 20__ | 20__ | 20__ |
|---|---|---|---|---|---|---|---|---|---|---|
| S |  |  |  |  |  |  |  |  |  |  |
| R |  |  |  |  |  |  |  |  |  |  |

**NAME:**          **ADDRESS:**

| Year | 20__ | 20__ | 20__ | 20__ | 20__ | 20__ | 20__ | 20__ | 20__ | 20__ |
|---|---|---|---|---|---|---|---|---|---|---|
| S |  |  |  |  |  |  |  |  |  |  |
| R |  |  |  |  |  |  |  |  |  |  |

**NAME:**          **ADDRESS:**

| Year | 20__ | 20__ | 20__ | 20__ | 20__ | 20__ | 20__ | 20__ | 20__ | 20__ |
|---|---|---|---|---|---|---|---|---|---|---|
| S |  |  |  |  |  |  |  |  |  |  |
| R |  |  |  |  |  |  |  |  |  |  |

**NAME:**          **ADDRESS:**

| Year | 20__ | 20__ | 20__ | 20__ | 20__ | 20__ | 20__ | 20__ | 20__ | 20__ |
|---|---|---|---|---|---|---|---|---|---|---|
| S |  |  |  |  |  |  |  |  |  |  |
| R |  |  |  |  |  |  |  |  |  |  |

H

| NAME: | | | | ADDRESS: | | | | | | |
|---|---|---|---|---|---|---|---|---|---|---|
| Year | 20__ | 20__ | 20__ | 20__ | 20__ | 20__ | 20__ | 20__ | 20__ | 20__ |
| S | | | | | | | | | | |
| R | | | | | | | | | | |

| NAME: | | | | ADDRESS: | | | | | | |
|---|---|---|---|---|---|---|---|---|---|---|
| Year | 20__ | 20__ | 20__ | 20__ | 20__ | 20__ | 20__ | 20__ | 20__ | 20__ |
| S | | | | | | | | | | |
| R | | | | | | | | | | |

| NAME: | | | | ADDRESS: | | | | | | |
|---|---|---|---|---|---|---|---|---|---|---|
| Year | 20__ | 20__ | 20__ | 20__ | 20__ | 20__ | 20__ | 20__ | 20__ | 20__ |
| S | | | | | | | | | | |
| R | | | | | | | | | | |

| NAME: | | | | ADDRESS: | | | | | | |
|---|---|---|---|---|---|---|---|---|---|---|
| Year | 20__ | 20__ | 20__ | 20__ | 20__ | 20__ | 20__ | 20__ | 20__ | 20__ |
| S | | | | | | | | | | |
| R | | | | | | | | | | |

# H

| NAME: | | | ADDRESS: | | | | | | | |
|---|---|---|---|---|---|---|---|---|---|---|
| Year | 20__ | 20__ | 20__ | 20__ | 20__ | 20__ | 20__ | 20__ | 20__ | 20__ |
| S | | | | | | | | | | |
| R | | | | | | | | | | |

| NAME: | | | ADDRESS: | | | | | | | |
|---|---|---|---|---|---|---|---|---|---|---|
| Year | 20__ | 20__ | 20__ | 20__ | 20__ | 20__ | 20__ | 20__ | 20__ | 20__ |
| S | | | | | | | | | | |
| R | | | | | | | | | | |

| NAME: | | | ADDRESS: | | | | | | | |
|---|---|---|---|---|---|---|---|---|---|---|
| Year | 20__ | 20__ | 20__ | 20__ | 20__ | 20__ | 20__ | 20__ | 20__ | 20__ |
| S | | | | | | | | | | |
| R | | | | | | | | | | |

| NAME: | | | ADDRESS: | | | | | | | |
|---|---|---|---|---|---|---|---|---|---|---|
| Year | 20__ | 20__ | 20__ | 20__ | 20__ | 20__ | 20__ | 20__ | 20__ | 20__ |
| S | | | | | | | | | | |
| R | | | | | | | | | | |

H

| NAME: | | | ADDRESS: | | | | | | | |
|---|---|---|---|---|---|---|---|---|---|---|
| Year | 20__ | 20__ | 20__ | 20__ | 20__ | 20__ | 20__ | 20__ | 20__ | 20__ |
| S | | | | | | | | | | |
| R | | | | | | | | | | |

| NAME: | | | ADDRESS: | | | | | | | |
|---|---|---|---|---|---|---|---|---|---|---|
| Year | 20__ | 20__ | 20__ | 20__ | 20__ | 20__ | 20__ | 20__ | 20__ | 20__ |
| S | | | | | | | | | | |
| R | | | | | | | | | | |

| NAME: | | | ADDRESS: | | | | | | | |
|---|---|---|---|---|---|---|---|---|---|---|
| Year | 20__ | 20__ | 20__ | 20__ | 20__ | 20__ | 20__ | 20__ | 20__ | 20__ |
| S | | | | | | | | | | |
| R | | | | | | | | | | |

| NAME: | | | ADDRESS: | | | | | | | |
|---|---|---|---|---|---|---|---|---|---|---|
| Year | 20__ | 20__ | 20__ | 20__ | 20__ | 20__ | 20__ | 20__ | 20__ | 20__ |
| S | | | | | | | | | | |
| R | | | | | | | | | | |

H

| NAME: | | | | ADDRESS: | | | | | | |
|---|---|---|---|---|---|---|---|---|---|---|
| Year | 20__ | 20__ | 20__ | 20__ | 20__ | 20__ | 20__ | 20__ | 20__ | 20__ |
| S | | | | | | | | | | |
| R | | | | | | | | | | |

| NAME: | | | | ADDRESS: | | | | | | |
|---|---|---|---|---|---|---|---|---|---|---|
| Year | 20__ | 20__ | 20__ | 20__ | 20__ | 20__ | 20__ | 20__ | 20__ | 20__ |
| S | | | | | | | | | | |
| R | | | | | | | | | | |

| NAME: | | | | ADDRESS: | | | | | | |
|---|---|---|---|---|---|---|---|---|---|---|
| Year | 20__ | 20__ | 20__ | 20__ | 20__ | 20__ | 20__ | 20__ | 20__ | 20__ |
| S | | | | | | | | | | |
| R | | | | | | | | | | |

| NAME: | | | | ADDRESS: | | | | | | |
|---|---|---|---|---|---|---|---|---|---|---|
| Year | 20__ | 20__ | 20__ | 20__ | 20__ | 20__ | 20__ | 20__ | 20__ | 20__ |
| S | | | | | | | | | | |
| R | | | | | | | | | | |

H

| NAME: | | | | ADDRESS: | | | | | | |
|---|---|---|---|---|---|---|---|---|---|---|
| Year | 20__ | 20__ | 20__ | 20__ | 20__ | 20__ | 20__ | 20__ | 20__ | 20__ |
| S | | | | | | | | | | |
| R | | | | | | | | | | |

| NAME: | | | | ADDRESS: | | | | | | |
|---|---|---|---|---|---|---|---|---|---|---|
| Year | 20__ | 20__ | 20__ | 20__ | 20__ | 20__ | 20__ | 20__ | 20__ | 20__ |
| S | | | | | | | | | | |
| R | | | | | | | | | | |

| NAME: | | | | ADDRESS: | | | | | | |
|---|---|---|---|---|---|---|---|---|---|---|
| Year | 20__ | 20__ | 20__ | 20__ | 20__ | 20__ | 20__ | 20__ | 20__ | 20__ |
| S | | | | | | | | | | |
| R | | | | | | | | | | |

| NAME: | | | | ADDRESS: | | | | | | |
|---|---|---|---|---|---|---|---|---|---|---|
| Year | 20__ | 20__ | 20__ | 20__ | 20__ | 20__ | 20__ | 20__ | 20__ | 20__ |
| S | | | | | | | | | | |
| R | | | | | | | | | | |

| NAME: | | | ADDRESS: | | | | | | |
|---|---|---|---|---|---|---|---|---|---|
| Year | 20__ | 20__ | 20__ | 20__ | 20__ | 20__ | 20__ | 20__ | 20__ |
| S | | | | | | | | | |
| R | | | | | | | | | |

| NAME: | | | ADDRESS: | | | | | | |
|---|---|---|---|---|---|---|---|---|---|
| Year | 20__ | 20__ | 20__ | 20__ | 20__ | 20__ | 20__ | 20__ | 20__ |
| S | | | | | | | | | |
| R | | | | | | | | | |

| NAME: | | | ADDRESS: | | | | | | |
|---|---|---|---|---|---|---|---|---|---|
| Year | 20__ | 20__ | 20__ | 20__ | 20__ | 20__ | 20__ | 20__ | 20__ |
| S | | | | | | | | | |
| R | | | | | | | | | |

| NAME: | | | ADDRESS: | | | | | | |
|---|---|---|---|---|---|---|---|---|---|
| Year | 20__ | 20__ | 20__ | 20__ | 20__ | 20__ | 20__ | 20__ | 20__ |
| S | | | | | | | | | |
| R | | | | | | | | | |

| NAME: | | | ADDRESS: | | | | | | | |
|---|---|---|---|---|---|---|---|---|---|---|
| Year | 20__ | 20__ | 20__ | 20__ | 20__ | 20__ | 20__ | 20__ | 20__ | 20__ |
| S | | | | | | | | | | |
| R | | | | | | | | | | |

| NAME: | | | ADDRESS: | | | | | | | |
|---|---|---|---|---|---|---|---|---|---|---|
| Year | 20__ | 20__ | 20__ | 20__ | 20__ | 20__ | 20__ | 20__ | 20__ | 20__ |
| S | | | | | | | | | | |
| R | | | | | | | | | | |

| NAME: | | | ADDRESS: | | | | | | | |
|---|---|---|---|---|---|---|---|---|---|---|
| Year | 20__ | 20__ | 20__ | 20__ | 20__ | 20__ | 20__ | 20__ | 20__ | 20__ |
| S | | | | | | | | | | |
| R | | | | | | | | | | |

| NAME: | | | ADDRESS: | | | | | | | |
|---|---|---|---|---|---|---|---|---|---|---|
| Year | 20__ | 20__ | 20__ | 20__ | 20__ | 20__ | 20__ | 20__ | 20__ | 20__ |
| S | | | | | | | | | | |
| R | | | | | | | | | | |

# I

| NAME: | | | ADDRESS: | | | | | | | |
|---|---|---|---|---|---|---|---|---|---|---|
| Year | 20__ | 20__ | 20__ | 20__ | 20__ | 20__ | 20__ | 20__ | 20__ | 20__ |
| S | | | | | | | | | | |
| R | | | | | | | | | | |

| NAME: | | | ADDRESS: | | | | | | | |
|---|---|---|---|---|---|---|---|---|---|---|
| Year | 20__ | 20__ | 20__ | 20__ | 20__ | 20__ | 20__ | 20__ | 20__ | 20__ |
| S | | | | | | | | | | |
| R | | | | | | | | | | |

| NAME: | | | ADDRESS: | | | | | | | |
|---|---|---|---|---|---|---|---|---|---|---|
| Year | 20__ | 20__ | 20__ | 20__ | 20__ | 20__ | 20__ | 20__ | 20__ | 20__ |
| S | | | | | | | | | | |
| R | | | | | | | | | | |

| NAME: | | | ADDRESS: | | | | | | | |
|---|---|---|---|---|---|---|---|---|---|---|
| Year | 20__ | 20__ | 20__ | 20__ | 20__ | 20__ | 20__ | 20__ | 20__ | 20__ |
| S | | | | | | | | | | |
| R | | | | | | | | | | |

| NAME: | | | | ADDRESS: | | | | | |
|---|---|---|---|---|---|---|---|---|---|
| Year | 20__ | 20__ | 20__ | 20__ | 20__ | 20__ | 20__ | 20__ | 20__ |
| S | | | | | | | | | |
| R | | | | | | | | | |

| NAME: | | | | ADDRESS: | | | | | |
|---|---|---|---|---|---|---|---|---|---|
| Year | 20__ | 20__ | 20__ | 20__ | 20__ | 20__ | 20__ | 20__ | 20__ |
| S | | | | | | | | | |
| R | | | | | | | | | |

| NAME: | | | | ADDRESS: | | | | | |
|---|---|---|---|---|---|---|---|---|---|
| Year | 20__ | 20__ | 20__ | 20__ | 20__ | 20__ | 20__ | 20__ | 20__ |
| S | | | | | | | | | |
| R | | | | | | | | | |

| NAME: | | | | ADDRESS: | | | | | |
|---|---|---|---|---|---|---|---|---|---|
| Year | 20__ | 20__ | 20__ | 20__ | 20__ | 20__ | 20__ | 20__ | 20__ |
| S | | | | | | | | | |
| R | | | | | | | | | |

| NAME: | | | | ADDRESS: | | | | | | |
|---|---|---|---|---|---|---|---|---|---|---|
| Year | 20__ | 20__ | 20__ | 20__ | 20__ | 20__ | 20__ | 20__ | 20__ | 20__ |
| S | | | | | | | | | | |
| R | | | | | | | | | | |

| NAME: | | | | ADDRESS: | | | | | | |
|---|---|---|---|---|---|---|---|---|---|---|
| Year | 20__ | 20__ | 20__ | 20__ | 20__ | 20__ | 20__ | 20__ | 20__ | 20__ |
| S | | | | | | | | | | |
| R | | | | | | | | | | |

| NAME: | | | | ADDRESS: | | | | | | |
|---|---|---|---|---|---|---|---|---|---|---|
| Year | 20__ | 20__ | 20__ | 20__ | 20__ | 20__ | 20__ | 20__ | 20__ | 20__ |
| S | | | | | | | | | | |
| R | | | | | | | | | | |

| NAME: | | | | ADDRESS: | | | | | | |
|---|---|---|---|---|---|---|---|---|---|---|
| Year | 20__ | 20__ | 20__ | 20__ | 20__ | 20__ | 20__ | 20__ | 20__ | 20__ |
| S | | | | | | | | | | |
| R | | | | | | | | | | |

J

| NAME: | | | | ADDRESS: | | | | | | |
|---|---|---|---|---|---|---|---|---|---|---|
| Year | 20__ | 20__ | 20__ | 20__ | 20__ | 20__ | 20__ | 20__ | 20__ | 20__ |
| S | | | | | | | | | | |
| R | | | | | | | | | | |

| NAME: | | | | ADDRESS: | | | | | | |
|---|---|---|---|---|---|---|---|---|---|---|
| Year | 20__ | 20__ | 20__ | 20__ | 20__ | 20__ | 20__ | 20__ | 20__ | 20__ |
| S | | | | | | | | | | |
| R | | | | | | | | | | |

| NAME: | | | | ADDRESS: | | | | | | |
|---|---|---|---|---|---|---|---|---|---|---|
| Year | 20__ | 20__ | 20__ | 20__ | 20__ | 20__ | 20__ | 20__ | 20__ | 20__ |
| S | | | | | | | | | | |
| R | | | | | | | | | | |

| NAME: | | | | ADDRESS: | | | | | | |
|---|---|---|---|---|---|---|---|---|---|---|
| Year | 20__ | 20__ | 20__ | 20__ | 20__ | 20__ | 20__ | 20__ | 20__ | 20__ |
| S | | | | | | | | | | |
| R | | | | | | | | | | |

J

| NAME: | | | | ADDRESS: | | | | | | |
|---|---|---|---|---|---|---|---|---|---|---|
| Year | 20__ | 20__ | 20__ | 20__ | 20__ | 20__ | 20__ | 20__ | 20__ | 20__ |
| S | | | | | | | | | | |
| R | | | | | | | | | | |

| NAME: | | | | ADDRESS: | | | | | | |
|---|---|---|---|---|---|---|---|---|---|---|
| Year | 20__ | 20__ | 20__ | 20__ | 20__ | 20__ | 20__ | 20__ | 20__ | 20__ |
| S | | | | | | | | | | |
| R | | | | | | | | | | |

| NAME: | | | | ADDRESS: | | | | | | |
|---|---|---|---|---|---|---|---|---|---|---|
| Year | 20__ | 20__ | 20__ | 20__ | 20__ | 20__ | 20__ | 20__ | 20__ | 20__ |
| S | | | | | | | | | | |
| R | | | | | | | | | | |

| NAME: | | | | ADDRESS: | | | | | | |
|---|---|---|---|---|---|---|---|---|---|---|
| Year | 20__ | 20__ | 20__ | 20__ | 20__ | 20__ | 20__ | 20__ | 20__ | 20__ |
| S | | | | | | | | | | |
| R | | | | | | | | | | |

J

| NAME: | | | ADDRESS: | | | | | | | |
|---|---|---|---|---|---|---|---|---|---|---|
| Year | 20__ | 20__ | 20__ | 20__ | 20__ | 20__ | 20__ | 20__ | 20__ | 20__ |
| S | | | | | | | | | | |
| R | | | | | | | | | | |

| NAME: | | | ADDRESS: | | | | | | | |
|---|---|---|---|---|---|---|---|---|---|---|
| Year | 20__ | 20__ | 20__ | 20__ | 20__ | 20__ | 20__ | 20__ | 20__ | 20__ |
| S | | | | | | | | | | |
| R | | | | | | | | | | |

| NAME: | | | ADDRESS: | | | | | | | |
|---|---|---|---|---|---|---|---|---|---|---|
| Year | 20__ | 20__ | 20__ | 20__ | 20__ | 20__ | 20__ | 20__ | 20__ | 20__ |
| S | | | | | | | | | | |
| R | | | | | | | | | | |

| NAME: | | | ADDRESS: | | | | | | | |
|---|---|---|---|---|---|---|---|---|---|---|
| Year | 20__ | 20__ | 20__ | 20__ | 20__ | 20__ | 20__ | 20__ | 20__ | 20__ |
| S | | | | | | | | | | |
| R | | | | | | | | | | |

**J**

| NAME: | | | ADDRESS: | | | | | | | |
|---|---|---|---|---|---|---|---|---|---|---|
| Year | 20__ | 20__ | 20__ | 20__ | 20__ | 20__ | 20__ | 20__ | 20__ | 20__ |
| S | | | | | | | | | | |
| R | | | | | | | | | | |

| NAME: | | | ADDRESS: | | | | | | | |
|---|---|---|---|---|---|---|---|---|---|---|
| Year | 20__ | 20__ | 20__ | 20__ | 20__ | 20__ | 20__ | 20__ | 20__ | 20__ |
| S | | | | | | | | | | |
| R | | | | | | | | | | |

| NAME: | | | ADDRESS: | | | | | | | |
|---|---|---|---|---|---|---|---|---|---|---|
| Year | 20__ | 20__ | 20__ | 20__ | 20__ | 20__ | 20__ | 20__ | 20__ | 20__ |
| S | | | | | | | | | | |
| R | | | | | | | | | | |

| NAME: | | | ADDRESS: | | | | | | | |
|---|---|---|---|---|---|---|---|---|---|---|
| Year | 20__ | 20__ | 20__ | 20__ | 20__ | 20__ | 20__ | 20__ | 20__ | 20__ |
| S | | | | | | | | | | |
| R | | | | | | | | | | |

J

| NAME: | | | | ADDRESS: | | | | | | |
|---|---|---|---|---|---|---|---|---|---|---|
| Year | 20__ | 20__ | 20__ | 20__ | 20__ | 20__ | 20__ | 20__ | 20__ | 20__ |
| S | | | | | | | | | | |
| R | | | | | | | | | | |

| NAME: | | | | ADDRESS: | | | | | | |
|---|---|---|---|---|---|---|---|---|---|---|
| Year | 20__ | 20__ | 20__ | 20__ | 20__ | 20__ | 20__ | 20__ | 20__ | 20__ |
| S | | | | | | | | | | |
| R | | | | | | | | | | |

| NAME: | | | | ADDRESS: | | | | | | |
|---|---|---|---|---|---|---|---|---|---|---|
| Year | 20__ | 20__ | 20__ | 20__ | 20__ | 20__ | 20__ | 20__ | 20__ | 20__ |
| S | | | | | | | | | | |
| R | | | | | | | | | | |

| NAME: | | | | ADDRESS: | | | | | | |
|---|---|---|---|---|---|---|---|---|---|---|
| Year | 20__ | 20__ | 20__ | 20__ | 20__ | 20__ | 20__ | 20__ | 20__ | 20__ |
| S | | | | | | | | | | |
| R | | | | | | | | | | |

**K**

| NAME: | | | | ADDRESS: | | | | | | |
|---|---|---|---|---|---|---|---|---|---|---|
| Year | 20__ | 20__ | 20__ | 20__ | 20__ | 20__ | 20__ | 20__ | 20__ | 20__ |
| S | | | | | | | | | | |
| R | | | | | | | | | | |

| NAME: | | | | ADDRESS: | | | | | | |
|---|---|---|---|---|---|---|---|---|---|---|
| Year | 20__ | 20__ | 20__ | 20__ | 20__ | 20__ | 20__ | 20__ | 20__ | 20__ |
| S | | | | | | | | | | |
| R | | | | | | | | | | |

| NAME: | | | | ADDRESS: | | | | | | |
|---|---|---|---|---|---|---|---|---|---|---|
| Year | 20__ | 20__ | 20__ | 20__ | 20__ | 20__ | 20__ | 20__ | 20__ | 20__ |
| S | | | | | | | | | | |
| R | | | | | | | | | | |

| NAME: | | | | ADDRESS: | | | | | | |
|---|---|---|---|---|---|---|---|---|---|---|
| Year | 20__ | 20__ | 20__ | 20__ | 20__ | 20__ | 20__ | 20__ | 20__ | 20__ |
| S | | | | | | | | | | |
| R | | | | | | | | | | |

K

| NAME: | | | ADDRESS: | | | | | | | |
|------|-----|-----|-----|-----|-----|-----|-----|-----|-----|-----|
| Year | 20__ | 20__ | 20__ | 20__ | 20__ | 20__ | 20__ | 20__ | 20__ | 20__ |
| S | | | | | | | | | | |
| R | | | | | | | | | | |

| NAME: | | | ADDRESS: | | | | | | | |
|------|-----|-----|-----|-----|-----|-----|-----|-----|-----|-----|
| Year | 20__ | 20__ | 20__ | 20__ | 20__ | 20__ | 20__ | 20__ | 20__ | 20__ |
| S | | | | | | | | | | |
| R | | | | | | | | | | |

| NAME: | | | ADDRESS: | | | | | | | |
|------|-----|-----|-----|-----|-----|-----|-----|-----|-----|-----|
| Year | 20__ | 20__ | 20__ | 20__ | 20__ | 20__ | 20__ | 20__ | 20__ | 20__ |
| S | | | | | | | | | | |
| R | | | | | | | | | | |

| NAME: | | | ADDRESS: | | | | | | | |
|------|-----|-----|-----|-----|-----|-----|-----|-----|-----|-----|
| Year | 20__ | 20__ | 20__ | 20__ | 20__ | 20__ | 20__ | 20__ | 20__ | 20__ |
| S | | | | | | | | | | |
| R | | | | | | | | | | |

# K

| NAME: | | | ADDRESS: | | | | | | | |
|---|---|---|---|---|---|---|---|---|---|---|
| Year | 20__ | 20__ | 20__ | 20__ | 20__ | 20__ | 20__ | 20__ | 20__ | 20__ |
| S | | | | | | | | | | |
| R | | | | | | | | | | |

| NAME: | | | ADDRESS: | | | | | | | |
|---|---|---|---|---|---|---|---|---|---|---|
| Year | 20__ | 20__ | 20__ | 20__ | 20__ | 20__ | 20__ | 20__ | 20__ | 20__ |
| S | | | | | | | | | | |
| R | | | | | | | | | | |

| NAME: | | | ADDRESS: | | | | | | | |
|---|---|---|---|---|---|---|---|---|---|---|
| Year | 20__ | 20__ | 20__ | 20__ | 20__ | 20__ | 20__ | 20__ | 20__ | 20__ |
| S | | | | | | | | | | |
| R | | | | | | | | | | |

| NAME: | | | ADDRESS: | | | | | | | |
|---|---|---|---|---|---|---|---|---|---|---|
| Year | 20__ | 20__ | 20__ | 20__ | 20__ | 20__ | 20__ | 20__ | 20__ | 20__ |
| S | | | | | | | | | | |
| R | | | | | | | | | | |

K

| NAME: | | | ADDRESS: | | | | | | | |
|---|---|---|---|---|---|---|---|---|---|---|
| Year | 20__ | 20__ | 20__ | 20__ | 20__ | 20__ | 20__ | 20__ | 20__ | 20__ |
| S | | | | | | | | | | |
| R | | | | | | | | | | |

| NAME: | | | ADDRESS: | | | | | | | |
|---|---|---|---|---|---|---|---|---|---|---|
| Year | 20__ | 20__ | 20__ | 20__ | 20__ | 20__ | 20__ | 20__ | 20__ | 20__ |
| S | | | | | | | | | | |
| R | | | | | | | | | | |

| NAME: | | | ADDRESS: | | | | | | | |
|---|---|---|---|---|---|---|---|---|---|---|
| Year | 20__ | 20__ | 20__ | 20__ | 20__ | 20__ | 20__ | 20__ | 20__ | 20__ |
| S | | | | | | | | | | |
| R | | | | | | | | | | |

| NAME: | | | ADDRESS: | | | | | | | |
|---|---|---|---|---|---|---|---|---|---|---|
| Year | 20__ | 20__ | 20__ | 20__ | 20__ | 20__ | 20__ | 20__ | 20__ | 20__ |
| S | | | | | | | | | | |
| R | | | | | | | | | | |

**K**

| NAME: | | | | ADDRESS: | | | | | | |
|---|---|---|---|---|---|---|---|---|---|---|
| Year | 20__ | 20__ | 20__ | 20__ | 20__ | 20__ | 20__ | 20__ | 20__ | 20__ |
| S | | | | | | | | | | |
| R | | | | | | | | | | |

| NAME: | | | | ADDRESS: | | | | | | |
|---|---|---|---|---|---|---|---|---|---|---|
| Year | 20__ | 20__ | 20__ | 20__ | 20__ | 20__ | 20__ | 20__ | 20__ | 20__ |
| S | | | | | | | | | | |
| R | | | | | | | | | | |

| NAME: | | | | ADDRESS: | | | | | | |
|---|---|---|---|---|---|---|---|---|---|---|
| Year | 20__ | 20__ | 20__ | 20__ | 20__ | 20__ | 20__ | 20__ | 20__ | 20__ |
| S | | | | | | | | | | |
| R | | | | | | | | | | |

| NAME: | | | | ADDRESS: | | | | | | |
|---|---|---|---|---|---|---|---|---|---|---|
| Year | 20__ | 20__ | 20__ | 20__ | 20__ | 20__ | 20__ | 20__ | 20__ | 20__ |
| S | | | | | | | | | | |
| R | | | | | | | | | | |

L

| NAME: | | | | ADDRESS: | | | | | | |
|---|---|---|---|---|---|---|---|---|---|---|
| Year | 20__ | 20__ | 20__ | 20__ | 20__ | 20__ | 20__ | 20__ | 20__ | 20__ |
| S | | | | | | | | | | |
| R | | | | | | | | | | |

| NAME: | | | | ADDRESS: | | | | | | |
|---|---|---|---|---|---|---|---|---|---|---|
| Year | 20__ | 20__ | 20__ | 20__ | 20__ | 20__ | 20__ | 20__ | 20__ | 20__ |
| S | | | | | | | | | | |
| R | | | | | | | | | | |

| NAME: | | | | ADDRESS: | | | | | | |
|---|---|---|---|---|---|---|---|---|---|---|
| Year | 20__ | 20__ | 20__ | 20__ | 20__ | 20__ | 20__ | 20__ | 20__ | 20__ |
| S | | | | | | | | | | |
| R | | | | | | | | | | |

| NAME: | | | | ADDRESS: | | | | | | |
|---|---|---|---|---|---|---|---|---|---|---|
| Year | 20__ | 20__ | 20__ | 20__ | 20__ | 20__ | 20__ | 20__ | 20__ | 20__ |
| S | | | | | | | | | | |
| R | | | | | | | | | | |

L

| NAME: | | | | ADDRESS: | | | | | | |
|---|---|---|---|---|---|---|---|---|---|---|
| Year | 20__ | 20__ | 20__ | 20__ | 20__ | 20__ | 20__ | 20__ | 20__ | 20__ |
| S | | | | | | | | | | |
| R | | | | | | | | | | |

| NAME: | | | | ADDRESS: | | | | | | |
|---|---|---|---|---|---|---|---|---|---|---|
| Year | 20__ | 20__ | 20__ | 20__ | 20__ | 20__ | 20__ | 20__ | 20__ | 20__ |
| S | | | | | | | | | | |
| R | | | | | | | | | | |

| NAME: | | | | ADDRESS: | | | | | | |
|---|---|---|---|---|---|---|---|---|---|---|
| Year | 20__ | 20__ | 20__ | 20__ | 20__ | 20__ | 20__ | 20__ | 20__ | 20__ |
| S | | | | | | | | | | |
| R | | | | | | | | | | |

| NAME: | | | | ADDRESS: | | | | | | |
|---|---|---|---|---|---|---|---|---|---|---|
| Year | 20__ | 20__ | 20__ | 20__ | 20__ | 20__ | 20__ | 20__ | 20__ | 20__ |
| S | | | | | | | | | | |
| R | | | | | | | | | | |

L

| NAME: | | | | ADDRESS: | | | | | | |
|---|---|---|---|---|---|---|---|---|---|---|
| Year | 20__ | 20__ | 20__ | 20__ | 20__ | 20__ | 20__ | 20__ | 20__ | 20__ |
| S | | | | | | | | | | |
| R | | | | | | | | | | |

| NAME: | | | | ADDRESS: | | | | | | |
|---|---|---|---|---|---|---|---|---|---|---|
| Year | 20__ | 20__ | 20__ | 20__ | 20__ | 20__ | 20__ | 20__ | 20__ | 20__ |
| S | | | | | | | | | | |
| R | | | | | | | | | | |

| NAME: | | | | ADDRESS: | | | | | | |
|---|---|---|---|---|---|---|---|---|---|---|
| Year | 20__ | 20__ | 20__ | 20__ | 20__ | 20__ | 20__ | 20__ | 20__ | 20__ |
| S | | | | | | | | | | |
| R | | | | | | | | | | |

| NAME: | | | | ADDRESS: | | | | | | |
|---|---|---|---|---|---|---|---|---|---|---|
| Year | 20__ | 20__ | 20__ | 20__ | 20__ | 20__ | 20__ | 20__ | 20__ | 20__ |
| S | | | | | | | | | | |
| R | | | | | | | | | | |

**L**

| NAME: | | | ADDRESS: | | | | | | |
|---|---|---|---|---|---|---|---|---|---|
| Year | 20__ | 20__ | 20__ | 20__ | 20__ | 20__ | 20__ | 20__ | 20__ |
| S | | | | | | | | | |
| R | | | | | | | | | |

| NAME: | | | ADDRESS: | | | | | | |
|---|---|---|---|---|---|---|---|---|---|
| Year | 20__ | 20__ | 20__ | 20__ | 20__ | 20__ | 20__ | 20__ | 20__ |
| S | | | | | | | | | |
| R | | | | | | | | | |

| NAME: | | | ADDRESS: | | | | | | |
|---|---|---|---|---|---|---|---|---|---|
| Year | 20__ | 20__ | 20__ | 20__ | 20__ | 20__ | 20__ | 20__ | 20__ |
| S | | | | | | | | | |
| R | | | | | | | | | |

| NAME: | | | ADDRESS: | | | | | | |
|---|---|---|---|---|---|---|---|---|---|
| Year | 20__ | 20__ | 20__ | 20__ | 20__ | 20__ | 20__ | 20__ | 20__ |
| S | | | | | | | | | |
| R | | | | | | | | | |

L

| NAME: | | | | ADDRESS: | | | | | | |
|---|---|---|---|---|---|---|---|---|---|---|
| Year | 20__ | 20__ | 20__ | 20__ | 20__ | 20__ | 20__ | 20__ | 20__ | 20__ |
| S | | | | | | | | | | |
| R | | | | | | | | | | |

| NAME: | | | | ADDRESS: | | | | | | |
|---|---|---|---|---|---|---|---|---|---|---|
| Year | 20__ | 20__ | 20__ | 20__ | 20__ | 20__ | 20__ | 20__ | 20__ | 20__ |
| S | | | | | | | | | | |
| R | | | | | | | | | | |

| NAME: | | | | ADDRESS: | | | | | | |
|---|---|---|---|---|---|---|---|---|---|---|
| Year | 20__ | 20__ | 20__ | 20__ | 20__ | 20__ | 20__ | 20__ | 20__ | 20__ |
| S | | | | | | | | | | |
| R | | | | | | | | | | |

| NAME: | | | | ADDRESS: | | | | | | |
|---|---|---|---|---|---|---|---|---|---|---|
| Year | 20__ | 20__ | 20__ | 20__ | 20__ | 20__ | 20__ | 20__ | 20__ | 20__ |
| S | | | | | | | | | | |
| R | | | | | | | | | | |

# M

| NAME: | | | | ADDRESS: | | | | | | |
|---|---|---|---|---|---|---|---|---|---|---|
| Year | 20__ | 20__ | 20__ | 20__ | 20__ | 20__ | 20__ | 20__ | 20__ | 20__ |
| S | | | | | | | | | | |
| R | | | | | | | | | | |

| NAME: | | | | ADDRESS: | | | | | | |
|---|---|---|---|---|---|---|---|---|---|---|
| Year | 20__ | 20__ | 20__ | 20__ | 20__ | 20__ | 20__ | 20__ | 20__ | 20__ |
| S | | | | | | | | | | |
| R | | | | | | | | | | |

| NAME: | | | | ADDRESS: | | | | | | |
|---|---|---|---|---|---|---|---|---|---|---|
| Year | 20__ | 20__ | 20__ | 20__ | 20__ | 20__ | 20__ | 20__ | 20__ | 20__ |
| S | | | | | | | | | | |
| R | | | | | | | | | | |

| NAME: | | | | ADDRESS: | | | | | | |
|---|---|---|---|---|---|---|---|---|---|---|
| Year | 20__ | 20__ | 20__ | 20__ | 20__ | 20__ | 20__ | 20__ | 20__ | 20__ |
| S | | | | | | | | | | |
| R | | | | | | | | | | |

# M

| NAME: | | | | ADDRESS: | | | | | | |
|---|---|---|---|---|---|---|---|---|---|---|
| Year | 20__ | 20__ | 20__ | 20__ | 20__ | 20__ | 20__ | 20__ | 20__ | 20__ |
| S | | | | | | | | | | |
| R | | | | | | | | | | |

| NAME: | | | | ADDRESS: | | | | | | |
|---|---|---|---|---|---|---|---|---|---|---|
| Year | 20__ | 20__ | 20__ | 20__ | 20__ | 20__ | 20__ | 20__ | 20__ | 20__ |
| S | | | | | | | | | | |
| R | | | | | | | | | | |

| NAME: | | | | ADDRESS: | | | | | | |
|---|---|---|---|---|---|---|---|---|---|---|
| Year | 20__ | 20__ | 20__ | 20__ | 20__ | 20__ | 20__ | 20__ | 20__ | 20__ |
| S | | | | | | | | | | |
| R | | | | | | | | | | |

| NAME: | | | | ADDRESS: | | | | | | |
|---|---|---|---|---|---|---|---|---|---|---|
| Year | 20__ | 20__ | 20__ | 20__ | 20__ | 20__ | 20__ | 20__ | 20__ | 20__ |
| S | | | | | | | | | | |
| R | | | | | | | | | | |

**M**

| NAME: | | | ADDRESS: | | | | | | | |
|---|---|---|---|---|---|---|---|---|---|---|
| Year | 20__ | 20__ | 20__ | 20__ | 20__ | 20__ | 20__ | 20__ | 20__ | 20__ |
| S | | | | | | | | | | |
| R | | | | | | | | | | |

| NAME: | | | ADDRESS: | | | | | | | |
|---|---|---|---|---|---|---|---|---|---|---|
| Year | 20__ | 20__ | 20__ | 20__ | 20__ | 20__ | 20__ | 20__ | 20__ | 20__ |
| S | | | | | | | | | | |
| R | | | | | | | | | | |

| NAME: | | | ADDRESS: | | | | | | | |
|---|---|---|---|---|---|---|---|---|---|---|
| Year | 20__ | 20__ | 20__ | 20__ | 20__ | 20__ | 20__ | 20__ | 20__ | 20__ |
| S | | | | | | | | | | |
| R | | | | | | | | | | |

| NAME: | | | ADDRESS: | | | | | | | |
|---|---|---|---|---|---|---|---|---|---|---|
| Year | 20__ | 20__ | 20__ | 20__ | 20__ | 20__ | 20__ | 20__ | 20__ | 20__ |
| S | | | | | | | | | | |
| R | | | | | | | | | | |

# M

| NAME: | | | | ADDRESS: | | | | | | |
|---|---|---|---|---|---|---|---|---|---|---|
| Year | 20__ | 20__ | 20__ | 20__ | 20__ | 20__ | 20__ | 20__ | 20__ | 20__ |
| S | | | | | | | | | | |
| R | | | | | | | | | | |

| NAME: | | | | ADDRESS: | | | | | | |
|---|---|---|---|---|---|---|---|---|---|---|
| Year | 20__ | 20__ | 20__ | 20__ | 20__ | 20__ | 20__ | 20__ | 20__ | 20__ |
| S | | | | | | | | | | |
| R | | | | | | | | | | |

| NAME: | | | | ADDRESS: | | | | | | |
|---|---|---|---|---|---|---|---|---|---|---|
| Year | 20__ | 20__ | 20__ | 20__ | 20__ | 20__ | 20__ | 20__ | 20__ | 20__ |
| S | | | | | | | | | | |
| R | | | | | | | | | | |

| NAME: | | | | ADDRESS: | | | | | | |
|---|---|---|---|---|---|---|---|---|---|---|
| Year | 20__ | 20__ | 20__ | 20__ | 20__ | 20__ | 20__ | 20__ | 20__ | 20__ |
| S | | | | | | | | | | |
| R | | | | | | | | | | |

# M

| NAME: | | | ADDRESS: | | | | | | | |
|---|---|---|---|---|---|---|---|---|---|---|
| Year | 20__ | 20__ | 20__ | 20__ | 20__ | 20__ | 20__ | 20__ | 20__ | 20__ |
| S | | | | | | | | | | |
| R | | | | | | | | | | |

| NAME: | | | ADDRESS: | | | | | | | |
|---|---|---|---|---|---|---|---|---|---|---|
| Year | 20__ | 20__ | 20__ | 20__ | 20__ | 20__ | 20__ | 20__ | 20__ | 20__ |
| S | | | | | | | | | | |
| R | | | | | | | | | | |

| NAME: | | | ADDRESS: | | | | | | | |
|---|---|---|---|---|---|---|---|---|---|---|
| Year | 20__ | 20__ | 20__ | 20__ | 20__ | 20__ | 20__ | 20__ | 20__ | 20__ |
| S | | | | | | | | | | |
| R | | | | | | | | | | |

| NAME: | | | ADDRESS: | | | | | | | |
|---|---|---|---|---|---|---|---|---|---|---|
| Year | 20__ | 20__ | 20__ | 20__ | 20__ | 20__ | 20__ | 20__ | 20__ | 20__ |
| S | | | | | | | | | | |
| R | | | | | | | | | | |

# N

| NAME: | | | | ADDRESS: | | | | | | |
|---|---|---|---|---|---|---|---|---|---|---|
| Year | 20__ | 20__ | 20__ | 20__ | 20__ | 20__ | 20__ | 20__ | 20__ | 20__ |
| S | | | | | | | | | | |
| R | | | | | | | | | | |

| NAME: | | | | ADDRESS: | | | | | | |
|---|---|---|---|---|---|---|---|---|---|---|
| Year | 20__ | 20__ | 20__ | 20__ | 20__ | 20__ | 20__ | 20__ | 20__ | 20__ |
| S | | | | | | | | | | |
| R | | | | | | | | | | |

| NAME: | | | | ADDRESS: | | | | | | |
|---|---|---|---|---|---|---|---|---|---|---|
| Year | 20__ | 20__ | 20__ | 20__ | 20__ | 20__ | 20__ | 20__ | 20__ | 20__ |
| S | | | | | | | | | | |
| R | | | | | | | | | | |

| NAME: | | | | ADDRESS: | | | | | | |
|---|---|---|---|---|---|---|---|---|---|---|
| Year | 20__ | 20__ | 20__ | 20__ | 20__ | 20__ | 20__ | 20__ | 20__ | 20__ |
| S | | | | | | | | | | |
| R | | | | | | | | | | |

# N

| NAME: | | | ADDRESS: | | | | | | | |
|---|---|---|---|---|---|---|---|---|---|---|
| Year | 20__ | 20__ | 20__ | 20__ | 20__ | 20__ | 20__ | 20__ | 20__ | 20__ |
| S | | | | | | | | | | |
| R | | | | | | | | | | |

| NAME: | | | ADDRESS: | | | | | | | |
|---|---|---|---|---|---|---|---|---|---|---|
| Year | 20__ | 20__ | 20__ | 20__ | 20__ | 20__ | 20__ | 20__ | 20__ | 20__ |
| S | | | | | | | | | | |
| R | | | | | | | | | | |

| NAME: | | | ADDRESS: | | | | | | | |
|---|---|---|---|---|---|---|---|---|---|---|
| Year | 20__ | 20__ | 20__ | 20__ | 20__ | 20__ | 20__ | 20__ | 20__ | 20__ |
| S | | | | | | | | | | |
| R | | | | | | | | | | |

| NAME: | | | ADDRESS: | | | | | | | |
|---|---|---|---|---|---|---|---|---|---|---|
| Year | 20__ | 20__ | 20__ | 20__ | 20__ | 20__ | 20__ | 20__ | 20__ | 20__ |
| S | | | | | | | | | | |
| R | | | | | | | | | | |

**N**

| NAME: | | | ADDRESS: | | | | | | | |
|---|---|---|---|---|---|---|---|---|---|---|
| Year | 20__ | 20__ | 20__ | 20__ | 20__ | 20__ | 20__ | 20__ | 20__ | 20__ |
| S | | | | | | | | | | |
| R | | | | | | | | | | |

| NAME: | | | ADDRESS: | | | | | | | |
|---|---|---|---|---|---|---|---|---|---|---|
| Year | 20__ | 20__ | 20__ | 20__ | 20__ | 20__ | 20__ | 20__ | 20__ | 20__ |
| S | | | | | | | | | | |
| R | | | | | | | | | | |

| NAME: | | | ADDRESS: | | | | | | | |
|---|---|---|---|---|---|---|---|---|---|---|
| Year | 20__ | 20__ | 20__ | 20__ | 20__ | 20__ | 20__ | 20__ | 20__ | 20__ |
| S | | | | | | | | | | |
| R | | | | | | | | | | |

| NAME: | | | ADDRESS: | | | | | | | |
|---|---|---|---|---|---|---|---|---|---|---|
| Year | 20__ | 20__ | 20__ | 20__ | 20__ | 20__ | 20__ | 20__ | 20__ | 20__ |
| S | | | | | | | | | | |
| R | | | | | | | | | | |

**N**

| NAME: | | | | ADDRESS: | | | | | | |
|---|---|---|---|---|---|---|---|---|---|---|
| Year | 20__ | 20__ | 20__ | 20__ | 20__ | 20__ | 20__ | 20__ | 20__ | 20__ |
| S | | | | | | | | | | |
| R | | | | | | | | | | |

| NAME: | | | | ADDRESS: | | | | | | |
|---|---|---|---|---|---|---|---|---|---|---|
| Year | 20__ | 20__ | 20__ | 20__ | 20__ | 20__ | 20__ | 20__ | 20__ | 20__ |
| S | | | | | | | | | | |
| R | | | | | | | | | | |

| NAME: | | | | ADDRESS: | | | | | | |
|---|---|---|---|---|---|---|---|---|---|---|
| Year | 20__ | 20__ | 20__ | 20__ | 20__ | 20__ | 20__ | 20__ | 20__ | 20__ |
| S | | | | | | | | | | |
| R | | | | | | | | | | |

| NAME: | | | | ADDRESS: | | | | | | |
|---|---|---|---|---|---|---|---|---|---|---|
| Year | 20__ | 20__ | 20__ | 20__ | 20__ | 20__ | 20__ | 20__ | 20__ | 20__ |
| S | | | | | | | | | | |
| R | | | | | | | | | | |

# N

| NAME: | | | | ADDRESS: | | | | | | |
|---|---|---|---|---|---|---|---|---|---|---|
| Year | 20__ | 20__ | 20__ | 20__ | 20__ | 20__ | 20__ | 20__ | 20__ | 20__ |
| S | | | | | | | | | | |
| R | | | | | | | | | | |

| NAME: | | | | ADDRESS: | | | | | | |
|---|---|---|---|---|---|---|---|---|---|---|
| Year | 20__ | 20__ | 20__ | 20__ | 20__ | 20__ | 20__ | 20__ | 20__ | 20__ |
| S | | | | | | | | | | |
| R | | | | | | | | | | |

| NAME: | | | | ADDRESS: | | | | | | |
|---|---|---|---|---|---|---|---|---|---|---|
| Year | 20__ | 20__ | 20__ | 20__ | 20__ | 20__ | 20__ | 20__ | 20__ | 20__ |
| S | | | | | | | | | | |
| R | | | | | | | | | | |

| NAME: | | | | ADDRESS: | | | | | | |
|---|---|---|---|---|---|---|---|---|---|---|
| Year | 20__ | 20__ | 20__ | 20__ | 20__ | 20__ | 20__ | 20__ | 20__ | 20__ |
| S | | | | | | | | | | |
| R | | | | | | | | | | |

# O

| NAME: | | | | ADDRESS: | | | | | | |
|---|---|---|---|---|---|---|---|---|---|---|
| Year | 20__ | 20__ | 20__ | 20__ | 20__ | 20__ | 20__ | 20__ | 20__ | 20__ |
| S | | | | | | | | | | |
| R | | | | | | | | | | |

| NAME: | | | | ADDRESS: | | | | | | |
|---|---|---|---|---|---|---|---|---|---|---|
| Year | 20__ | 20__ | 20__ | 20__ | 20__ | 20__ | 20__ | 20__ | 20__ | 20__ |
| S | | | | | | | | | | |
| R | | | | | | | | | | |

| NAME: | | | | ADDRESS: | | | | | | |
|---|---|---|---|---|---|---|---|---|---|---|
| Year | 20__ | 20__ | 20__ | 20__ | 20__ | 20__ | 20__ | 20__ | 20__ | 20__ |
| S | | | | | | | | | | |
| R | | | | | | | | | | |

| NAME: | | | | ADDRESS: | | | | | | |
|---|---|---|---|---|---|---|---|---|---|---|
| Year | 20__ | 20__ | 20__ | 20__ | 20__ | 20__ | 20__ | 20__ | 20__ | 20__ |
| S | | | | | | | | | | |
| R | | | | | | | | | | |

O

| NAME: | | | | ADDRESS: | | | | | | |
|---|---|---|---|---|---|---|---|---|---|---|
| Year | 20__ | 20__ | 20__ | 20__ | 20__ | 20__ | 20__ | 20__ | 20__ | 20__ |
| S | | | | | | | | | | |
| R | | | | | | | | | | |

| NAME: | | | | ADDRESS: | | | | | | |
|---|---|---|---|---|---|---|---|---|---|---|
| Year | 20__ | 20__ | 20__ | 20__ | 20__ | 20__ | 20__ | 20__ | 20__ | 20__ |
| S | | | | | | | | | | |
| R | | | | | | | | | | |

| NAME: | | | | ADDRESS: | | | | | | |
|---|---|---|---|---|---|---|---|---|---|---|
| Year | 20__ | 20__ | 20__ | 20__ | 20__ | 20__ | 20__ | 20__ | 20__ | 20__ |
| S | | | | | | | | | | |
| R | | | | | | | | | | |

| NAME: | | | | ADDRESS: | | | | | | |
|---|---|---|---|---|---|---|---|---|---|---|
| Year | 20__ | 20__ | 20__ | 20__ | 20__ | 20__ | 20__ | 20__ | 20__ | 20__ |
| S | | | | | | | | | | |
| R | | | | | | | | | | |

# O

| NAME: | | | | ADDRESS: | | | | | |
|---|---|---|---|---|---|---|---|---|---|
| Year | 20__ | 20__ | 20__ | 20__ | 20__ | 20__ | 20__ | 20__ | 20__ |
| S | | | | | | | | | |
| R | | | | | | | | | |

| NAME: | | | | ADDRESS: | | | | | |
|---|---|---|---|---|---|---|---|---|---|
| Year | 20__ | 20__ | 20__ | 20__ | 20__ | 20__ | 20__ | 20__ | 20__ |
| S | | | | | | | | | |
| R | | | | | | | | | |

| NAME: | | | | ADDRESS: | | | | | |
|---|---|---|---|---|---|---|---|---|---|
| Year | 20__ | 20__ | 20__ | 20__ | 20__ | 20__ | 20__ | 20__ | 20__ |
| S | | | | | | | | | |
| R | | | | | | | | | |

| NAME: | | | | ADDRESS: | | | | | |
|---|---|---|---|---|---|---|---|---|---|
| Year | 20__ | 20__ | 20__ | 20__ | 20__ | 20__ | 20__ | 20__ | 20__ |
| S | | | | | | | | | |
| R | | | | | | | | | |

# O

| NAME: | | | | ADDRESS: | | | | | | |
|---|---|---|---|---|---|---|---|---|---|---|
| Year | 20__ | 20__ | 20__ | 20__ | 20__ | 20__ | 20__ | 20__ | 20__ | 20__ |
| S | | | | | | | | | | |
| R | | | | | | | | | | |

| NAME: | | | | ADDRESS: | | | | | | |
|---|---|---|---|---|---|---|---|---|---|---|
| Year | 20__ | 20__ | 20__ | 20__ | 20__ | 20__ | 20__ | 20__ | 20__ | 20__ |
| S | | | | | | | | | | |
| R | | | | | | | | | | |

| NAME: | | | | ADDRESS: | | | | | | |
|---|---|---|---|---|---|---|---|---|---|---|
| Year | 20__ | 20__ | 20__ | 20__ | 20__ | 20__ | 20__ | 20__ | 20__ | 20__ |
| S | | | | | | | | | | |
| R | | | | | | | | | | |

| NAME: | | | | ADDRESS: | | | | | | |
|---|---|---|---|---|---|---|---|---|---|---|
| Year | 20__ | 20__ | 20__ | 20__ | 20__ | 20__ | 20__ | 20__ | 20__ | 20__ |
| S | | | | | | | | | | |
| R | | | | | | | | | | |

## O

| NAME: | | | | ADDRESS: | | | | | | |
|---|---|---|---|---|---|---|---|---|---|---|
| Year | 20__ | 20__ | 20__ | 20__ | 20__ | 20__ | 20__ | 20__ | 20__ | 20__ |
| S | | | | | | | | | | |
| R | | | | | | | | | | |

| NAME: | | | | ADDRESS: | | | | | | |
|---|---|---|---|---|---|---|---|---|---|---|
| Year | 20__ | 20__ | 20__ | 20__ | 20__ | 20__ | 20__ | 20__ | 20__ | 20__ |
| S | | | | | | | | | | |
| R | | | | | | | | | | |

| NAME: | | | | ADDRESS: | | | | | | |
|---|---|---|---|---|---|---|---|---|---|---|
| Year | 20__ | 20__ | 20__ | 20__ | 20__ | 20__ | 20__ | 20__ | 20__ | 20__ |
| S | | | | | | | | | | |
| R | | | | | | | | | | |

| NAME: | | | | ADDRESS: | | | | | | |
|---|---|---|---|---|---|---|---|---|---|---|
| Year | 20__ | 20__ | 20__ | 20__ | 20__ | 20__ | 20__ | 20__ | 20__ | 20__ |
| S | | | | | | | | | | |
| R | | | | | | | | | | |

**P**

| NAME: | | | | ADDRESS: | | | | | | |
|---|---|---|---|---|---|---|---|---|---|---|
| Year | 20__ | 20__ | 20__ | 20__ | 20__ | 20__ | 20__ | 20__ | 20__ | 20__ |
| S | | | | | | | | | | |
| R | | | | | | | | | | |

| NAME: | | | | ADDRESS: | | | | | | |
|---|---|---|---|---|---|---|---|---|---|---|
| Year | 20__ | 20__ | 20__ | 20__ | 20__ | 20__ | 20__ | 20__ | 20__ | 20__ |
| S | | | | | | | | | | |
| R | | | | | | | | | | |

| NAME: | | | | ADDRESS: | | | | | | |
|---|---|---|---|---|---|---|---|---|---|---|
| Year | 20__ | 20__ | 20__ | 20__ | 20__ | 20__ | 20__ | 20__ | 20__ | 20__ |
| S | | | | | | | | | | |
| R | | | | | | | | | | |

| NAME: | | | | ADDRESS: | | | | | | |
|---|---|---|---|---|---|---|---|---|---|---|
| Year | 20__ | 20__ | 20__ | 20__ | 20__ | 20__ | 20__ | 20__ | 20__ | 20__ |
| S | | | | | | | | | | |
| R | | | | | | | | | | |

P

| NAME: | | | ADDRESS: | | | | | | | |
|---|---|---|---|---|---|---|---|---|---|---|
| Year | 20__ | 20__ | 20__ | 20__ | 20__ | 20__ | 20__ | 20__ | 20__ | 20__ |
| S | | | | | | | | | | |
| R | | | | | | | | | | |

| NAME: | | | ADDRESS: | | | | | | | |
|---|---|---|---|---|---|---|---|---|---|---|
| Year | 20__ | 20__ | 20__ | 20__ | 20__ | 20__ | 20__ | 20__ | 20__ | 20__ |
| S | | | | | | | | | | |
| R | | | | | | | | | | |

| NAME: | | | ADDRESS: | | | | | | | |
|---|---|---|---|---|---|---|---|---|---|---|
| Year | 20__ | 20__ | 20__ | 20__ | 20__ | 20__ | 20__ | 20__ | 20__ | 20__ |
| S | | | | | | | | | | |
| R | | | | | | | | | | |

| NAME: | | | ADDRESS: | | | | | | | |
|---|---|---|---|---|---|---|---|---|---|---|
| Year | 20__ | 20__ | 20__ | 20__ | 20__ | 20__ | 20__ | 20__ | 20__ | 20__ |
| S | | | | | | | | | | |
| R | | | | | | | | | | |

P

| NAME: | | | | ADDRESS: | | | | | | |
|---|---|---|---|---|---|---|---|---|---|---|
| Year | 20__ | 20__ | 20__ | 20__ | 20__ | 20__ | 20__ | 20__ | 20__ | 20__ |
| S | | | | | | | | | | |
| R | | | | | | | | | | |

| NAME: | | | | ADDRESS: | | | | | | |
|---|---|---|---|---|---|---|---|---|---|---|
| Year | 20__ | 20__ | 20__ | 20__ | 20__ | 20__ | 20__ | 20__ | 20__ | 20__ |
| S | | | | | | | | | | |
| R | | | | | | | | | | |

| NAME: | | | | ADDRESS: | | | | | | |
|---|---|---|---|---|---|---|---|---|---|---|
| Year | 20__ | 20__ | 20__ | 20__ | 20__ | 20__ | 20__ | 20__ | 20__ | 20__ |
| S | | | | | | | | | | |
| R | | | | | | | | | | |

| NAME: | | | | ADDRESS: | | | | | | |
|---|---|---|---|---|---|---|---|---|---|---|
| Year | 20__ | 20__ | 20__ | 20__ | 20__ | 20__ | 20__ | 20__ | 20__ | 20__ |
| S | | | | | | | | | | |
| R | | | | | | | | | | |

P

| NAME: | | | | ADDRESS: | | | | | | |
|---|---|---|---|---|---|---|---|---|---|---|
| Year | 20__ | 20__ | 20__ | 20__ | 20__ | 20__ | 20__ | 20__ | 20__ | 20__ |
| S | | | | | | | | | | |
| R | | | | | | | | | | |

| NAME: | | | | ADDRESS: | | | | | | |
|---|---|---|---|---|---|---|---|---|---|---|
| Year | 20__ | 20__ | 20__ | 20__ | 20__ | 20__ | 20__ | 20__ | 20__ | 20__ |
| S | | | | | | | | | | |
| R | | | | | | | | | | |

| NAME: | | | | ADDRESS: | | | | | | |
|---|---|---|---|---|---|---|---|---|---|---|
| Year | 20__ | 20__ | 20__ | 20__ | 20__ | 20__ | 20__ | 20__ | 20__ | 20__ |
| S | | | | | | | | | | |
| R | | | | | | | | | | |

| NAME: | | | | ADDRESS: | | | | | | |
|---|---|---|---|---|---|---|---|---|---|---|
| Year | 20__ | 20__ | 20__ | 20__ | 20__ | 20__ | 20__ | 20__ | 20__ | 20__ |
| S | | | | | | | | | | |
| R | | | | | | | | | | |

P

| NAME: | | | | ADDRESS: | | | | | | |
|---|---|---|---|---|---|---|---|---|---|---|
| Year | 20__ | 20__ | 20__ | 20__ | 20__ | 20__ | 20__ | 20__ | 20__ | 20__ |
| S | | | | | | | | | | |
| R | | | | | | | | | | |

| NAME: | | | | ADDRESS: | | | | | | |
|---|---|---|---|---|---|---|---|---|---|---|
| Year | 20__ | 20__ | 20__ | 20__ | 20__ | 20__ | 20__ | 20__ | 20__ | 20__ |
| S | | | | | | | | | | |
| R | | | | | | | | | | |

| NAME: | | | | ADDRESS: | | | | | | |
|---|---|---|---|---|---|---|---|---|---|---|
| Year | 20__ | 20__ | 20__ | 20__ | 20__ | 20__ | 20__ | 20__ | 20__ | 20__ |
| S | | | | | | | | | | |
| R | | | | | | | | | | |

| NAME: | | | | ADDRESS: | | | | | | |
|---|---|---|---|---|---|---|---|---|---|---|
| Year | 20__ | 20__ | 20__ | 20__ | 20__ | 20__ | 20__ | 20__ | 20__ | 20__ |
| S | | | | | | | | | | |
| R | | | | | | | | | | |

# Q

| NAME: | | | | ADDRESS: | | | | | | |
|---|---|---|---|---|---|---|---|---|---|---|
| Year | 20__ | 20__ | 20__ | 20__ | 20__ | 20__ | 20__ | 20__ | 20__ | 20__ |
| S | | | | | | | | | | |
| R | | | | | | | | | | |

| NAME: | | | | ADDRESS: | | | | | | |
|---|---|---|---|---|---|---|---|---|---|---|
| Year | 20__ | 20__ | 20__ | 20__ | 20__ | 20__ | 20__ | 20__ | 20__ | 20__ |
| S | | | | | | | | | | |
| R | | | | | | | | | | |

| NAME: | | | | ADDRESS: | | | | | | |
|---|---|---|---|---|---|---|---|---|---|---|
| Year | 20__ | 20__ | 20__ | 20__ | 20__ | 20__ | 20__ | 20__ | 20__ | 20__ |
| S | | | | | | | | | | |
| R | | | | | | | | | | |

| NAME: | | | | ADDRESS: | | | | | | |
|---|---|---|---|---|---|---|---|---|---|---|
| Year | 20__ | 20__ | 20__ | 20__ | 20__ | 20__ | 20__ | 20__ | 20__ | 20__ |
| S | | | | | | | | | | |
| R | | | | | | | | | | |

# Q

| NAME: | | | | ADDRESS: | | | | | | |
|---|---|---|---|---|---|---|---|---|---|---|
| Year | 20__ | 20__ | 20__ | 20__ | 20__ | 20__ | 20__ | 20__ | 20__ | 20__ |
| S | | | | | | | | | | |
| R | | | | | | | | | | |

| NAME: | | | | ADDRESS: | | | | | | |
|---|---|---|---|---|---|---|---|---|---|---|
| Year | 20__ | 20__ | 20__ | 20__ | 20__ | 20__ | 20__ | 20__ | 20__ | 20__ |
| S | | | | | | | | | | |
| R | | | | | | | | | | |

| NAME: | | | | ADDRESS: | | | | | | |
|---|---|---|---|---|---|---|---|---|---|---|
| Year | 20__ | 20__ | 20__ | 20__ | 20__ | 20__ | 20__ | 20__ | 20__ | 20__ |
| S | | | | | | | | | | |
| R | | | | | | | | | | |

| NAME: | | | | ADDRESS: | | | | | | |
|---|---|---|---|---|---|---|---|---|---|---|
| Year | 20__ | 20__ | 20__ | 20__ | 20__ | 20__ | 20__ | 20__ | 20__ | 20__ |
| S | | | | | | | | | | |
| R | | | | | | | | | | |

# Q

| NAME: | | | | ADDRESS: | | | | | | |
|---|---|---|---|---|---|---|---|---|---|---|
| Year | 20__ | 20__ | 20__ | 20__ | 20__ | 20__ | 20__ | 20__ | 20__ | 20__ |
| S | | | | | | | | | | |
| R | | | | | | | | | | |

| NAME: | | | | ADDRESS: | | | | | | |
|---|---|---|---|---|---|---|---|---|---|---|
| Year | 20__ | 20__ | 20__ | 20__ | 20__ | 20__ | 20__ | 20__ | 20__ | 20__ |
| S | | | | | | | | | | |
| R | | | | | | | | | | |

| NAME: | | | | ADDRESS: | | | | | | |
|---|---|---|---|---|---|---|---|---|---|---|
| Year | 20__ | 20__ | 20__ | 20__ | 20__ | 20__ | 20__ | 20__ | 20__ | 20__ |
| S | | | | | | | | | | |
| R | | | | | | | | | | |

| NAME: | | | | ADDRESS: | | | | | | |
|---|---|---|---|---|---|---|---|---|---|---|
| Year | 20__ | 20__ | 20__ | 20__ | 20__ | 20__ | 20__ | 20__ | 20__ | 20__ |
| S | | | | | | | | | | |
| R | | | | | | | | | | |

# Q

| NAME: | | | ADDRESS: | | | | | | | |
|---|---|---|---|---|---|---|---|---|---|---|
| Year | 20__ | 20__ | 20__ | 20__ | 20__ | 20__ | 20__ | 20__ | 20__ | 20__ |
| S | | | | | | | | | | |
| R | | | | | | | | | | |

| NAME: | | | ADDRESS: | | | | | | | |
|---|---|---|---|---|---|---|---|---|---|---|
| Year | 20__ | 20__ | 20__ | 20__ | 20__ | 20__ | 20__ | 20__ | 20__ | 20__ |
| S | | | | | | | | | | |
| R | | | | | | | | | | |

| NAME: | | | ADDRESS: | | | | | | | |
|---|---|---|---|---|---|---|---|---|---|---|
| Year | 20__ | 20__ | 20__ | 20__ | 20__ | 20__ | 20__ | 20__ | 20__ | 20__ |
| S | | | | | | | | | | |
| R | | | | | | | | | | |

| NAME: | | | ADDRESS: | | | | | | | |
|---|---|---|---|---|---|---|---|---|---|---|
| Year | 20__ | 20__ | 20__ | 20__ | 20__ | 20__ | 20__ | 20__ | 20__ | 20__ |
| S | | | | | | | | | | |
| R | | | | | | | | | | |

| NAME: | | | | ADDRESS: | | | | | | |
|---|---|---|---|---|---|---|---|---|---|---|
| Year | 20__ | 20__ | 20__ | 20__ | 20__ | 20__ | 20__ | 20__ | 20__ | 20__ |
| S | | | | | | | | | | |
| R | | | | | | | | | | |

| NAME: | | | | ADDRESS: | | | | | | |
|---|---|---|---|---|---|---|---|---|---|---|
| Year | 20__ | 20__ | 20__ | 20__ | 20__ | 20__ | 20__ | 20__ | 20__ | 20__ |
| S | | | | | | | | | | |
| R | | | | | | | | | | |

| NAME: | | | | ADDRESS: | | | | | | |
|---|---|---|---|---|---|---|---|---|---|---|
| Year | 20__ | 20__ | 20__ | 20__ | 20__ | 20__ | 20__ | 20__ | 20__ | 20__ |
| S | | | | | | | | | | |
| R | | | | | | | | | | |

| NAME: | | | | ADDRESS: | | | | | | |
|---|---|---|---|---|---|---|---|---|---|---|
| Year | 20__ | 20__ | 20__ | 20__ | 20__ | 20__ | 20__ | 20__ | 20__ | 20__ |
| S | | | | | | | | | | |
| R | | | | | | | | | | |

# R

| NAME: | | | ADDRESS: | | | | | | | |
|---|---|---|---|---|---|---|---|---|---|---|
| Year | 20__ | 20__ | 20__ | 20__ | 20__ | 20__ | 20__ | 20__ | 20__ | 20__ |
| S | | | | | | | | | | |
| R | | | | | | | | | | |

| NAME: | | | ADDRESS: | | | | | | | |
|---|---|---|---|---|---|---|---|---|---|---|
| Year | 20__ | 20__ | 20__ | 20__ | 20__ | 20__ | 20__ | 20__ | 20__ | 20__ |
| S | | | | | | | | | | |
| R | | | | | | | | | | |

| NAME: | | | ADDRESS: | | | | | | | |
|---|---|---|---|---|---|---|---|---|---|---|
| Year | 20__ | 20__ | 20__ | 20__ | 20__ | 20__ | 20__ | 20__ | 20__ | 20__ |
| S | | | | | | | | | | |
| R | | | | | | | | | | |

| NAME: | | | ADDRESS: | | | | | | | |
|---|---|---|---|---|---|---|---|---|---|---|
| Year | 20__ | 20__ | 20__ | 20__ | 20__ | 20__ | 20__ | 20__ | 20__ | 20__ |
| S | | | | | | | | | | |
| R | | | | | | | | | | |

R

| NAME: | | | | ADDRESS: | | | | | | |
|---|---|---|---|---|---|---|---|---|---|---|
| Year | 20__ | 20__ | 20__ | 20__ | 20__ | 20__ | 20__ | 20__ | 20__ | 20__ |
| S | | | | | | | | | | |
| R | | | | | | | | | | |

| NAME: | | | | ADDRESS: | | | | | | |
|---|---|---|---|---|---|---|---|---|---|---|
| Year | 20__ | 20__ | 20__ | 20__ | 20__ | 20__ | 20__ | 20__ | 20__ | 20__ |
| S | | | | | | | | | | |
| R | | | | | | | | | | |

| NAME: | | | | ADDRESS: | | | | | | |
|---|---|---|---|---|---|---|---|---|---|---|
| Year | 20__ | 20__ | 20__ | 20__ | 20__ | 20__ | 20__ | 20__ | 20__ | 20__ |
| S | | | | | | | | | | |
| R | | | | | | | | | | |

| NAME: | | | | ADDRESS: | | | | | | |
|---|---|---|---|---|---|---|---|---|---|---|
| Year | 20__ | 20__ | 20__ | 20__ | 20__ | 20__ | 20__ | 20__ | 20__ | 20__ |
| S | | | | | | | | | | |
| R | | | | | | | | | | |

**R**

| NAME: | | | ADDRESS: | | | | | | | |
|---|---|---|---|---|---|---|---|---|---|---|
| Year | 20__ | 20__ | 20__ | 20__ | 20__ | 20__ | 20__ | 20__ | 20__ | 20__ |
| S | | | | | | | | | | |
| R | | | | | | | | | | |

| NAME: | | | ADDRESS: | | | | | | | |
|---|---|---|---|---|---|---|---|---|---|---|
| Year | 20__ | 20__ | 20__ | 20__ | 20__ | 20__ | 20__ | 20__ | 20__ | 20__ |
| S | | | | | | | | | | |
| R | | | | | | | | | | |

| NAME: | | | ADDRESS: | | | | | | | |
|---|---|---|---|---|---|---|---|---|---|---|
| Year | 20__ | 20__ | 20__ | 20__ | 20__ | 20__ | 20__ | 20__ | 20__ | 20__ |
| S | | | | | | | | | | |
| R | | | | | | | | | | |

| NAME: | | | ADDRESS: | | | | | | | |
|---|---|---|---|---|---|---|---|---|---|---|
| Year | 20__ | 20__ | 20__ | 20__ | 20__ | 20__ | 20__ | 20__ | 20__ | 20__ |
| S | | | | | | | | | | |
| R | | | | | | | | | | |

**R**

| NAME: | | | ADDRESS: | | | | | | | |
|---|---|---|---|---|---|---|---|---|---|---|
| Year | 20__ | 20__ | 20__ | 20__ | 20__ | 20__ | 20__ | 20__ | 20__ | 20__ |
| S | | | | | | | | | | |
| R | | | | | | | | | | |

| NAME: | | | ADDRESS: | | | | | | | |
|---|---|---|---|---|---|---|---|---|---|---|
| Year | 20__ | 20__ | 20__ | 20__ | 20__ | 20__ | 20__ | 20__ | 20__ | 20__ |
| S | | | | | | | | | | |
| R | | | | | | | | | | |

| NAME: | | | ADDRESS: | | | | | | | |
|---|---|---|---|---|---|---|---|---|---|---|
| Year | 20__ | 20__ | 20__ | 20__ | 20__ | 20__ | 20__ | 20__ | 20__ | 20__ |
| S | | | | | | | | | | |
| R | | | | | | | | | | |

| NAME: | | | ADDRESS: | | | | | | | |
|---|---|---|---|---|---|---|---|---|---|---|
| Year | 20__ | 20__ | 20__ | 20__ | 20__ | 20__ | 20__ | 20__ | 20__ | 20__ |
| S | | | | | | | | | | |
| R | | | | | | | | | | |

**R**

| NAME: | | | ADDRESS: | | | | | | | |
|---|---|---|---|---|---|---|---|---|---|---|
| Year | 20__ | 20__ | 20__ | 20__ | 20__ | 20__ | 20__ | 20__ | 20__ | 20__ |
| S | | | | | | | | | | |
| R | | | | | | | | | | |

| NAME: | | | ADDRESS: | | | | | | | |
|---|---|---|---|---|---|---|---|---|---|---|
| Year | 20__ | 20__ | 20__ | 20__ | 20__ | 20__ | 20__ | 20__ | 20__ | 20__ |
| S | | | | | | | | | | |
| R | | | | | | | | | | |

| NAME: | | | ADDRESS: | | | | | | | |
|---|---|---|---|---|---|---|---|---|---|---|
| Year | 20__ | 20__ | 20__ | 20__ | 20__ | 20__ | 20__ | 20__ | 20__ | 20__ |
| S | | | | | | | | | | |
| R | | | | | | | | | | |

| NAME: | | | ADDRESS: | | | | | | | |
|---|---|---|---|---|---|---|---|---|---|---|
| Year | 20__ | 20__ | 20__ | 20__ | 20__ | 20__ | 20__ | 20__ | 20__ | 20__ |
| S | | | | | | | | | | |
| R | | | | | | | | | | |

**S**

| NAME: | | | ADDRESS: | | | | | | | |
|---|---|---|---|---|---|---|---|---|---|---|
| Year | 20__ | 20__ | 20__ | 20__ | 20__ | 20__ | 20__ | 20__ | 20__ | 20__ |
| S | | | | | | | | | | |
| R | | | | | | | | | | |

| NAME: | | | ADDRESS: | | | | | | | |
|---|---|---|---|---|---|---|---|---|---|---|
| Year | 20__ | 20__ | 20__ | 20__ | 20__ | 20__ | 20__ | 20__ | 20__ | 20__ |
| S | | | | | | | | | | |
| R | | | | | | | | | | |

| NAME: | | | ADDRESS: | | | | | | | |
|---|---|---|---|---|---|---|---|---|---|---|
| Year | 20__ | 20__ | 20__ | 20__ | 20__ | 20__ | 20__ | 20__ | 20__ | 20__ |
| S | | | | | | | | | | |
| R | | | | | | | | | | |

| NAME: | | | ADDRESS: | | | | | | | |
|---|---|---|---|---|---|---|---|---|---|---|
| Year | 20__ | 20__ | 20__ | 20__ | 20__ | 20__ | 20__ | 20__ | 20__ | 20__ |
| S | | | | | | | | | | |
| R | | | | | | | | | | |

# S

| NAME: | | | | ADDRESS: | | | | | | |
|---|---|---|---|---|---|---|---|---|---|---|
| Year | 20__ | 20__ | 20__ | 20__ | 20__ | 20__ | 20__ | 20__ | 20__ | 20__ |
| S | | | | | | | | | | |
| R | | | | | | | | | | |

| NAME: | | | | ADDRESS: | | | | | | |
|---|---|---|---|---|---|---|---|---|---|---|
| Year | 20__ | 20__ | 20__ | 20__ | 20__ | 20__ | 20__ | 20__ | 20__ | 20__ |
| S | | | | | | | | | | |
| R | | | | | | | | | | |

| NAME: | | | | ADDRESS: | | | | | | |
|---|---|---|---|---|---|---|---|---|---|---|
| Year | 20__ | 20__ | 20__ | 20__ | 20__ | 20__ | 20__ | 20__ | 20__ | 20__ |
| S | | | | | | | | | | |
| R | | | | | | | | | | |

| NAME: | | | | ADDRESS: | | | | | | |
|---|---|---|---|---|---|---|---|---|---|---|
| Year | 20__ | 20__ | 20__ | 20__ | 20__ | 20__ | 20__ | 20__ | 20__ | 20__ |
| S | | | | | | | | | | |
| R | | | | | | | | | | |

# S

| NAME: | | | | ADDRESS: | | | | | | |
|---|---|---|---|---|---|---|---|---|---|---|
| Year | 20__ | 20__ | 20__ | 20__ | 20__ | 20__ | 20__ | 20__ | 20__ | 20__ |
| S | | | | | | | | | | |
| R | | | | | | | | | | |

| NAME: | | | | ADDRESS: | | | | | | |
|---|---|---|---|---|---|---|---|---|---|---|
| Year | 20__ | 20__ | 20__ | 20__ | 20__ | 20__ | 20__ | 20__ | 20__ | 20__ |
| S | | | | | | | | | | |
| R | | | | | | | | | | |

| NAME: | | | | ADDRESS: | | | | | | |
|---|---|---|---|---|---|---|---|---|---|---|
| Year | 20__ | 20__ | 20__ | 20__ | 20__ | 20__ | 20__ | 20__ | 20__ | 20__ |
| S | | | | | | | | | | |
| R | | | | | | | | | | |

| NAME: | | | | ADDRESS: | | | | | | |
|---|---|---|---|---|---|---|---|---|---|---|
| Year | 20__ | 20__ | 20__ | 20__ | 20__ | 20__ | 20__ | 20__ | 20__ | 20__ |
| S | | | | | | | | | | |
| R | | | | | | | | | | |

# S

| NAME: | | | | ADDRESS: | | | | | | |
|---|---|---|---|---|---|---|---|---|---|---|
| Year | 20__ | 20__ | 20__ | 20__ | 20__ | 20__ | 20__ | 20__ | 20__ | 20__ |
| S | | | | | | | | | | |
| R | | | | | | | | | | |

| NAME: | | | | ADDRESS: | | | | | | |
|---|---|---|---|---|---|---|---|---|---|---|
| Year | 20__ | 20__ | 20__ | 20__ | 20__ | 20__ | 20__ | 20__ | 20__ | 20__ |
| S | | | | | | | | | | |
| R | | | | | | | | | | |

| NAME: | | | | ADDRESS: | | | | | | |
|---|---|---|---|---|---|---|---|---|---|---|
| Year | 20__ | 20__ | 20__ | 20__ | 20__ | 20__ | 20__ | 20__ | 20__ | 20__ |
| S | | | | | | | | | | |
| R | | | | | | | | | | |

| NAME: | | | | ADDRESS: | | | | | | |
|---|---|---|---|---|---|---|---|---|---|---|
| Year | 20__ | 20__ | 20__ | 20__ | 20__ | 20__ | 20__ | 20__ | 20__ | 20__ |
| S | | | | | | | | | | |
| R | | | | | | | | | | |

# S

| NAME: | | | | ADDRESS: | | | | | | |
|---|---|---|---|---|---|---|---|---|---|---|
| Year | 20__ | 20__ | 20__ | 20__ | 20__ | 20__ | 20__ | 20__ | 20__ | 20__ |
| S | | | | | | | | | | |
| R | | | | | | | | | | |

| NAME: | | | | ADDRESS: | | | | | | |
|---|---|---|---|---|---|---|---|---|---|---|
| Year | 20__ | 20__ | 20__ | 20__ | 20__ | 20__ | 20__ | 20__ | 20__ | 20__ |
| S | | | | | | | | | | |
| R | | | | | | | | | | |

| NAME: | | | | ADDRESS: | | | | | | |
|---|---|---|---|---|---|---|---|---|---|---|
| Year | 20__ | 20__ | 20__ | 20__ | 20__ | 20__ | 20__ | 20__ | 20__ | 20__ |
| S | | | | | | | | | | |
| R | | | | | | | | | | |

| NAME: | | | | ADDRESS: | | | | | | |
|---|---|---|---|---|---|---|---|---|---|---|
| Year | 20__ | 20__ | 20__ | 20__ | 20__ | 20__ | 20__ | 20__ | 20__ | 20__ |
| S | | | | | | | | | | |
| R | | | | | | | | | | |

T

| NAME: | | | ADDRESS: | | | | | | | |
|---|---|---|---|---|---|---|---|---|---|---|
| Year | 20__ | 20__ | 20__ | 20__ | 20__ | 20__ | 20__ | 20__ | 20__ | 20__ |
| S | | | | | | | | | | |
| R | | | | | | | | | | |

| NAME: | | | ADDRESS: | | | | | | | |
|---|---|---|---|---|---|---|---|---|---|---|
| Year | 20__ | 20__ | 20__ | 20__ | 20__ | 20__ | 20__ | 20__ | 20__ | 20__ |
| S | | | | | | | | | | |
| R | | | | | | | | | | |

| NAME: | | | ADDRESS: | | | | | | | |
|---|---|---|---|---|---|---|---|---|---|---|
| Year | 20__ | 20__ | 20__ | 20__ | 20__ | 20__ | 20__ | 20__ | 20__ | 20__ |
| S | | | | | | | | | | |
| R | | | | | | | | | | |

| NAME: | | | ADDRESS: | | | | | | | |
|---|---|---|---|---|---|---|---|---|---|---|
| Year | 20__ | 20__ | 20__ | 20__ | 20__ | 20__ | 20__ | 20__ | 20__ | 20__ |
| S | | | | | | | | | | |
| R | | | | | | | | | | |

**T**

| NAME: | | | | ADDRESS: | | | | | | |
|---|---|---|---|---|---|---|---|---|---|---|
| Year | 20__ | 20__ | 20__ | 20__ | 20__ | 20__ | 20__ | 20__ | 20__ | 20__ |
| S | | | | | | | | | | |
| R | | | | | | | | | | |

| NAME: | | | | ADDRESS: | | | | | | |
|---|---|---|---|---|---|---|---|---|---|---|
| Year | 20__ | 20__ | 20__ | 20__ | 20__ | 20__ | 20__ | 20__ | 20__ | 20__ |
| S | | | | | | | | | | |
| R | | | | | | | | | | |

| NAME: | | | | ADDRESS: | | | | | | |
|---|---|---|---|---|---|---|---|---|---|---|
| Year | 20__ | 20__ | 20__ | 20__ | 20__ | 20__ | 20__ | 20__ | 20__ | 20__ |
| S | | | | | | | | | | |
| R | | | | | | | | | | |

| NAME: | | | | ADDRESS: | | | | | | |
|---|---|---|---|---|---|---|---|---|---|---|
| Year | 20__ | 20__ | 20__ | 20__ | 20__ | 20__ | 20__ | 20__ | 20__ | 20__ |
| S | | | | | | | | | | |
| R | | | | | | | | | | |

# T

| NAME: | | | ADDRESS: | | | | | | |
|---|---|---|---|---|---|---|---|---|---|
| Year | 20__ | 20__ | 20__ | 20__ | 20__ | 20__ | 20__ | 20__ | 20__ |
| S | | | | | | | | | |
| R | | | | | | | | | |

| NAME: | | | ADDRESS: | | | | | | |
|---|---|---|---|---|---|---|---|---|---|
| Year | 20__ | 20__ | 20__ | 20__ | 20__ | 20__ | 20__ | 20__ | 20__ |
| S | | | | | | | | | |
| R | | | | | | | | | |

| NAME: | | | ADDRESS: | | | | | | |
|---|---|---|---|---|---|---|---|---|---|
| Year | 20__ | 20__ | 20__ | 20__ | 20__ | 20__ | 20__ | 20__ | 20__ |
| S | | | | | | | | | |
| R | | | | | | | | | |

| NAME: | | | ADDRESS: | | | | | | |
|---|---|---|---|---|---|---|---|---|---|
| Year | 20__ | 20__ | 20__ | 20__ | 20__ | 20__ | 20__ | 20__ | 20__ |
| S | | | | | | | | | |
| R | | | | | | | | | |

T

| NAME: | | | | ADDRESS: | | | | | | |
|---|---|---|---|---|---|---|---|---|---|---|
| Year | 20__ | 20__ | 20__ | 20__ | 20__ | 20__ | 20__ | 20__ | 20__ | 20__ |
| S | | | | | | | | | | |
| R | | | | | | | | | | |

| NAME: | | | | ADDRESS: | | | | | | |
|---|---|---|---|---|---|---|---|---|---|---|
| Year | 20__ | 20__ | 20__ | 20__ | 20__ | 20__ | 20__ | 20__ | 20__ | 20__ |
| S | | | | | | | | | | |
| R | | | | | | | | | | |

| NAME: | | | | ADDRESS: | | | | | | |
|---|---|---|---|---|---|---|---|---|---|---|
| Year | 20__ | 20__ | 20__ | 20__ | 20__ | 20__ | 20__ | 20__ | 20__ | 20__ |
| S | | | | | | | | | | |
| R | | | | | | | | | | |

| NAME: | | | | ADDRESS: | | | | | | |
|---|---|---|---|---|---|---|---|---|---|---|
| Year | 20__ | 20__ | 20__ | 20__ | 20__ | 20__ | 20__ | 20__ | 20__ | 20__ |
| S | | | | | | | | | | |
| R | | | | | | | | | | |

# T

| NAME: | | | ADDRESS: | | | | | | | |
|---|---|---|---|---|---|---|---|---|---|---|
| Year | 20__ | 20__ | 20__ | 20__ | 20__ | 20__ | 20__ | 20__ | 20__ | 20__ |
| S | | | | | | | | | | |
| R | | | | | | | | | | |

| NAME: | | | ADDRESS: | | | | | | | |
|---|---|---|---|---|---|---|---|---|---|---|
| Year | 20__ | 20__ | 20__ | 20__ | 20__ | 20__ | 20__ | 20__ | 20__ | 20__ |
| S | | | | | | | | | | |
| R | | | | | | | | | | |

| NAME: | | | ADDRESS: | | | | | | | |
|---|---|---|---|---|---|---|---|---|---|---|
| Year | 20__ | 20__ | 20__ | 20__ | 20__ | 20__ | 20__ | 20__ | 20__ | 20__ |
| S | | | | | | | | | | |
| R | | | | | | | | | | |

| NAME: | | | ADDRESS: | | | | | | | |
|---|---|---|---|---|---|---|---|---|---|---|
| Year | 20__ | 20__ | 20__ | 20__ | 20__ | 20__ | 20__ | 20__ | 20__ | 20__ |
| S | | | | | | | | | | |
| R | | | | | | | | | | |

# U

| NAME: | | | | ADDRESS: | | | | | | |
|---|---|---|---|---|---|---|---|---|---|---|
| Year | 20__ | 20__ | 20__ | 20__ | 20__ | 20__ | 20__ | 20__ | 20__ | 20__ |
| S | | | | | | | | | | |
| R | | | | | | | | | | |

| NAME: | | | | ADDRESS: | | | | | | |
|---|---|---|---|---|---|---|---|---|---|---|
| Year | 20__ | 20__ | 20__ | 20__ | 20__ | 20__ | 20__ | 20__ | 20__ | 20__ |
| S | | | | | | | | | | |
| R | | | | | | | | | | |

| NAME: | | | | ADDRESS: | | | | | | |
|---|---|---|---|---|---|---|---|---|---|---|
| Year | 20__ | 20__ | 20__ | 20__ | 20__ | 20__ | 20__ | 20__ | 20__ | 20__ |
| S | | | | | | | | | | |
| R | | | | | | | | | | |

| NAME: | | | | ADDRESS: | | | | | | |
|---|---|---|---|---|---|---|---|---|---|---|
| Year | 20__ | 20__ | 20__ | 20__ | 20__ | 20__ | 20__ | 20__ | 20__ | 20__ |
| S | | | | | | | | | | |
| R | | | | | | | | | | |

# U

| NAME: | | | ADDRESS: | | | | | | | |
|---|---|---|---|---|---|---|---|---|---|---|
| Year | 20__ | 20__ | 20__ | 20__ | 20__ | 20__ | 20__ | 20__ | 20__ | 20__ |
| S | | | | | | | | | | |
| R | | | | | | | | | | |

| NAME: | | | ADDRESS: | | | | | | | |
|---|---|---|---|---|---|---|---|---|---|---|
| Year | 20__ | 20__ | 20__ | 20__ | 20__ | 20__ | 20__ | 20__ | 20__ | 20__ |
| S | | | | | | | | | | |
| R | | | | | | | | | | |

| NAME: | | | ADDRESS: | | | | | | | |
|---|---|---|---|---|---|---|---|---|---|---|
| Year | 20__ | 20__ | 20__ | 20__ | 20__ | 20__ | 20__ | 20__ | 20__ | 20__ |
| S | | | | | | | | | | |
| R | | | | | | | | | | |

| NAME: | | | ADDRESS: | | | | | | | |
|---|---|---|---|---|---|---|---|---|---|---|
| Year | 20__ | 20__ | 20__ | 20__ | 20__ | 20__ | 20__ | 20__ | 20__ | 20__ |
| S | | | | | | | | | | |
| R | | | | | | | | | | |

# U

| NAME: | | | | ADDRESS: | | | | | | |
|---|---|---|---|---|---|---|---|---|---|---|
| Year | 20__ | 20__ | 20__ | 20__ | 20__ | 20__ | 20__ | 20__ | 20__ | 20__ |
| S | | | | | | | | | | |
| R | | | | | | | | | | |

| NAME: | | | | ADDRESS: | | | | | | |
|---|---|---|---|---|---|---|---|---|---|---|
| Year | 20__ | 20__ | 20__ | 20__ | 20__ | 20__ | 20__ | 20__ | 20__ | 20__ |
| S | | | | | | | | | | |
| R | | | | | | | | | | |

| NAME: | | | | ADDRESS: | | | | | | |
|---|---|---|---|---|---|---|---|---|---|---|
| Year | 20__ | 20__ | 20__ | 20__ | 20__ | 20__ | 20__ | 20__ | 20__ | 20__ |
| S | | | | | | | | | | |
| R | | | | | | | | | | |

| NAME: | | | | ADDRESS: | | | | | | |
|---|---|---|---|---|---|---|---|---|---|---|
| Year | 20__ | 20__ | 20__ | 20__ | 20__ | 20__ | 20__ | 20__ | 20__ | 20__ |
| S | | | | | | | | | | |
| R | | | | | | | | | | |

# U

| NAME: | | | | ADDRESS: | | | | | | |
|---|---|---|---|---|---|---|---|---|---|---|
| Year | 20__ | 20__ | 20__ | 20__ | 20__ | 20__ | 20__ | 20__ | 20__ | 20__ |
| S | | | | | | | | | | |
| R | | | | | | | | | | |

| NAME: | | | | ADDRESS: | | | | | | |
|---|---|---|---|---|---|---|---|---|---|---|
| Year | 20__ | 20__ | 20__ | 20__ | 20__ | 20__ | 20__ | 20__ | 20__ | 20__ |
| S | | | | | | | | | | |
| R | | | | | | | | | | |

| NAME: | | | | ADDRESS: | | | | | | |
|---|---|---|---|---|---|---|---|---|---|---|
| Year | 20__ | 20__ | 20__ | 20__ | 20__ | 20__ | 20__ | 20__ | 20__ | 20__ |
| S | | | | | | | | | | |
| R | | | | | | | | | | |

| NAME: | | | | ADDRESS: | | | | | | |
|---|---|---|---|---|---|---|---|---|---|---|
| Year | 20__ | 20__ | 20__ | 20__ | 20__ | 20__ | 20__ | 20__ | 20__ | 20__ |
| S | | | | | | | | | | |
| R | | | | | | | | | | |

**U**

| NAME: | | | | ADDRESS: | | | | | | |
|---|---|---|---|---|---|---|---|---|---|---|
| Year | 20__ | 20__ | 20__ | 20__ | 20__ | 20__ | 20__ | 20__ | 20__ | 20__ |
| S | | | | | | | | | | |
| R | | | | | | | | | | |

| NAME: | | | | ADDRESS: | | | | | | |
|---|---|---|---|---|---|---|---|---|---|---|
| Year | 20__ | 20__ | 20__ | 20__ | 20__ | 20__ | 20__ | 20__ | 20__ | 20__ |
| S | | | | | | | | | | |
| R | | | | | | | | | | |

| NAME: | | | | ADDRESS: | | | | | | |
|---|---|---|---|---|---|---|---|---|---|---|
| Year | 20__ | 20__ | 20__ | 20__ | 20__ | 20__ | 20__ | 20__ | 20__ | 20__ |
| S | | | | | | | | | | |
| R | | | | | | | | | | |

| NAME: | | | | ADDRESS: | | | | | | |
|---|---|---|---|---|---|---|---|---|---|---|
| Year | 20__ | 20__ | 20__ | 20__ | 20__ | 20__ | 20__ | 20__ | 20__ | 20__ |
| S | | | | | | | | | | |
| R | | | | | | | | | | |

V

| NAME: | | | | ADDRESS: | | | | | | |
|---|---|---|---|---|---|---|---|---|---|---|
| Year | 20__ | 20__ | 20__ | 20__ | 20__ | 20__ | 20__ | 20__ | 20__ | 20__ |
| S | | | | | | | | | | |
| R | | | | | | | | | | |

| NAME: | | | | ADDRESS: | | | | | | |
|---|---|---|---|---|---|---|---|---|---|---|
| Year | 20__ | 20__ | 20__ | 20__ | 20__ | 20__ | 20__ | 20__ | 20__ | 20__ |
| S | | | | | | | | | | |
| R | | | | | | | | | | |

| NAME: | | | | ADDRESS: | | | | | | |
|---|---|---|---|---|---|---|---|---|---|---|
| Year | 20__ | 20__ | 20__ | 20__ | 20__ | 20__ | 20__ | 20__ | 20__ | 20__ |
| S | | | | | | | | | | |
| R | | | | | | | | | | |

| NAME: | | | | ADDRESS: | | | | | | |
|---|---|---|---|---|---|---|---|---|---|---|
| Year | 20__ | 20__ | 20__ | 20__ | 20__ | 20__ | 20__ | 20__ | 20__ | 20__ |
| S | | | | | | | | | | |
| R | | | | | | | | | | |

# V

| NAME: | | | ADDRESS: | | | | | | | |
|---|---|---|---|---|---|---|---|---|---|---|
| Year | 20__ | 20__ | 20__ | 20__ | 20__ | 20__ | 20__ | 20__ | 20__ | 20__ |
| S | | | | | | | | | | |
| R | | | | | | | | | | |

| NAME: | | | ADDRESS: | | | | | | | |
|---|---|---|---|---|---|---|---|---|---|---|
| Year | 20__ | 20__ | 20__ | 20__ | 20__ | 20__ | 20__ | 20__ | 20__ | 20__ |
| S | | | | | | | | | | |
| R | | | | | | | | | | |

| NAME: | | | ADDRESS: | | | | | | | |
|---|---|---|---|---|---|---|---|---|---|---|
| Year | 20__ | 20__ | 20__ | 20__ | 20__ | 20__ | 20__ | 20__ | 20__ | 20__ |
| S | | | | | | | | | | |
| R | | | | | | | | | | |

| NAME: | | | ADDRESS: | | | | | | | |
|---|---|---|---|---|---|---|---|---|---|---|
| Year | 20__ | 20__ | 20__ | 20__ | 20__ | 20__ | 20__ | 20__ | 20__ | 20__ |
| S | | | | | | | | | | |
| R | | | | | | | | | | |

V

| NAME: | | | ADDRESS: | | | | | | | |
|---|---|---|---|---|---|---|---|---|---|---|
| Year | 20__ | 20__ | 20__ | 20__ | 20__ | 20__ | 20__ | 20__ | 20__ | 20__ |
| S | | | | | | | | | | |
| R | | | | | | | | | | |

| NAME: | | | ADDRESS: | | | | | | | |
|---|---|---|---|---|---|---|---|---|---|---|
| Year | 20__ | 20__ | 20__ | 20__ | 20__ | 20__ | 20__ | 20__ | 20__ | 20__ |
| S | | | | | | | | | | |
| R | | | | | | | | | | |

| NAME: | | | ADDRESS: | | | | | | | |
|---|---|---|---|---|---|---|---|---|---|---|
| Year | 20__ | 20__ | 20__ | 20__ | 20__ | 20__ | 20__ | 20__ | 20__ | 20__ |
| S | | | | | | | | | | |
| R | | | | | | | | | | |

| NAME: | | | ADDRESS: | | | | | | | |
|---|---|---|---|---|---|---|---|---|---|---|
| Year | 20__ | 20__ | 20__ | 20__ | 20__ | 20__ | 20__ | 20__ | 20__ | 20__ |
| S | | | | | | | | | | |
| R | | | | | | | | | | |

V

| NAME: | | | ADDRESS: | | | | | | | |
|---|---|---|---|---|---|---|---|---|---|---|
| Year | 20__ | 20__ | 20__ | 20__ | 20__ | 20__ | 20__ | 20__ | 20__ | 20__ |
| S | | | | | | | | | | |
| R | | | | | | | | | | |

| NAME: | | | ADDRESS: | | | | | | | |
|---|---|---|---|---|---|---|---|---|---|---|
| Year | 20__ | 20__ | 20__ | 20__ | 20__ | 20__ | 20__ | 20__ | 20__ | 20__ |
| S | | | | | | | | | | |
| R | | | | | | | | | | |

| NAME: | | | ADDRESS: | | | | | | | |
|---|---|---|---|---|---|---|---|---|---|---|
| Year | 20__ | 20__ | 20__ | 20__ | 20__ | 20__ | 20__ | 20__ | 20__ | 20__ |
| S | | | | | | | | | | |
| R | | | | | | | | | | |

| NAME: | | | ADDRESS: | | | | | | | |
|---|---|---|---|---|---|---|---|---|---|---|
| Year | 20__ | 20__ | 20__ | 20__ | 20__ | 20__ | 20__ | 20__ | 20__ | 20__ |
| S | | | | | | | | | | |
| R | | | | | | | | | | |

V

| NAME: | | | ADDRESS: | | | | | | | |
|---|---|---|---|---|---|---|---|---|---|---|
| Year | 20__ | 20__ | 20__ | 20__ | 20__ | 20__ | 20__ | 20__ | 20__ | 20__ |
| S | | | | | | | | | | |
| R | | | | | | | | | | |

| NAME: | | | ADDRESS: | | | | | | | |
|---|---|---|---|---|---|---|---|---|---|---|
| Year | 20__ | 20__ | 20__ | 20__ | 20__ | 20__ | 20__ | 20__ | 20__ | 20__ |
| S | | | | | | | | | | |
| R | | | | | | | | | | |

| NAME: | | | ADDRESS: | | | | | | | |
|---|---|---|---|---|---|---|---|---|---|---|
| Year | 20__ | 20__ | 20__ | 20__ | 20__ | 20__ | 20__ | 20__ | 20__ | 20__ |
| S | | | | | | | | | | |
| R | | | | | | | | | | |

| NAME: | | | ADDRESS: | | | | | | | |
|---|---|---|---|---|---|---|---|---|---|---|
| Year | 20__ | 20__ | 20__ | 20__ | 20__ | 20__ | 20__ | 20__ | 20__ | 20__ |
| S | | | | | | | | | | |
| R | | | | | | | | | | |

W

| NAME: | | | | ADDRESS: | | | | | | |
|---|---|---|---|---|---|---|---|---|---|---|
| Year | 20__ | 20__ | 20__ | 20__ | 20__ | 20__ | 20__ | 20__ | 20__ | 20__ |
| S | | | | | | | | | | |
| R | | | | | | | | | | |

| NAME: | | | | ADDRESS: | | | | | | |
|---|---|---|---|---|---|---|---|---|---|---|
| Year | 20__ | 20__ | 20__ | 20__ | 20__ | 20__ | 20__ | 20__ | 20__ | 20__ |
| S | | | | | | | | | | |
| R | | | | | | | | | | |

| NAME: | | | | ADDRESS: | | | | | | |
|---|---|---|---|---|---|---|---|---|---|---|
| Year | 20__ | 20__ | 20__ | 20__ | 20__ | 20__ | 20__ | 20__ | 20__ | 20__ |
| S | | | | | | | | | | |
| R | | | | | | | | | | |

| NAME: | | | | ADDRESS: | | | | | | |
|---|---|---|---|---|---|---|---|---|---|---|
| Year | 20__ | 20__ | 20__ | 20__ | 20__ | 20__ | 20__ | 20__ | 20__ | 20__ |
| S | | | | | | | | | | |
| R | | | | | | | | | | |

W

| NAME: | | | | ADDRESS: | | | | | | |
|---|---|---|---|---|---|---|---|---|---|---|
| Year | 20__ | 20__ | 20__ | 20__ | 20__ | 20__ | 20__ | 20__ | 20__ | 20__ |
| S | | | | | | | | | | |
| R | | | | | | | | | | |

| NAME: | | | | ADDRESS: | | | | | | |
|---|---|---|---|---|---|---|---|---|---|---|
| Year | 20__ | 20__ | 20__ | 20__ | 20__ | 20__ | 20__ | 20__ | 20__ | 20__ |
| S | | | | | | | | | | |
| R | | | | | | | | | | |

| NAME: | | | | ADDRESS: | | | | | | |
|---|---|---|---|---|---|---|---|---|---|---|
| Year | 20__ | 20__ | 20__ | 20__ | 20__ | 20__ | 20__ | 20__ | 20__ | 20__ |
| S | | | | | | | | | | |
| R | | | | | | | | | | |

| NAME: | | | | ADDRESS: | | | | | | |
|---|---|---|---|---|---|---|---|---|---|---|
| Year | 20__ | 20__ | 20__ | 20__ | 20__ | 20__ | 20__ | 20__ | 20__ | 20__ |
| S | | | | | | | | | | |
| R | | | | | | | | | | |

**W**

| NAME: | | | ADDRESS: | | | | | | |
|---|---|---|---|---|---|---|---|---|---|
| Year | 20__ | 20__ | 20__ | 20__ | 20__ | 20__ | 20__ | 20__ | 20__ |
| S | | | | | | | | | |
| R | | | | | | | | | |

| NAME: | | | ADDRESS: | | | | | | |
|---|---|---|---|---|---|---|---|---|---|
| Year | 20__ | 20__ | 20__ | 20__ | 20__ | 20__ | 20__ | 20__ | 20__ |
| S | | | | | | | | | |
| R | | | | | | | | | |

| NAME: | | | ADDRESS: | | | | | | |
|---|---|---|---|---|---|---|---|---|---|
| Year | 20__ | 20__ | 20__ | 20__ | 20__ | 20__ | 20__ | 20__ | 20__ |
| S | | | | | | | | | |
| R | | | | | | | | | |

| NAME: | | | ADDRESS: | | | | | | |
|---|---|---|---|---|---|---|---|---|---|
| Year | 20__ | 20__ | 20__ | 20__ | 20__ | 20__ | 20__ | 20__ | 20__ |
| S | | | | | | | | | |
| R | | | | | | | | | |

W

| NAME: | | | ADDRESS: | | | | | | | |
|---|---|---|---|---|---|---|---|---|---|---|
| Year | 20__ | 20__ | 20__ | 20__ | 20__ | 20__ | 20__ | 20__ | 20__ | 20__ |
| S | | | | | | | | | | |
| R | | | | | | | | | | |

| NAME: | | | ADDRESS: | | | | | | | |
|---|---|---|---|---|---|---|---|---|---|---|
| Year | 20__ | 20__ | 20__ | 20__ | 20__ | 20__ | 20__ | 20__ | 20__ | 20__ |
| S | | | | | | | | | | |
| R | | | | | | | | | | |

| NAME: | | | ADDRESS: | | | | | | | |
|---|---|---|---|---|---|---|---|---|---|---|
| Year | 20__ | 20__ | 20__ | 20__ | 20__ | 20__ | 20__ | 20__ | 20__ | 20__ |
| S | | | | | | | | | | |
| R | | | | | | | | | | |

| NAME: | | | ADDRESS: | | | | | | | |
|---|---|---|---|---|---|---|---|---|---|---|
| Year | 20__ | 20__ | 20__ | 20__ | 20__ | 20__ | 20__ | 20__ | 20__ | 20__ |
| S | | | | | | | | | | |
| R | | | | | | | | | | |

W

| NAME: | | | ADDRESS: | | | | | | | |
|---|---|---|---|---|---|---|---|---|---|---|
| Year | 20__ | 20__ | 20__ | 20__ | 20__ | 20__ | 20__ | 20__ | 20__ | 20__ |
| S | | | | | | | | | | |
| R | | | | | | | | | | |

| NAME: | | | ADDRESS: | | | | | | | |
|---|---|---|---|---|---|---|---|---|---|---|
| Year | 20__ | 20__ | 20__ | 20__ | 20__ | 20__ | 20__ | 20__ | 20__ | 20__ |
| S | | | | | | | | | | |
| R | | | | | | | | | | |

| NAME: | | | ADDRESS: | | | | | | | |
|---|---|---|---|---|---|---|---|---|---|---|
| Year | 20__ | 20__ | 20__ | 20__ | 20__ | 20__ | 20__ | 20__ | 20__ | 20__ |
| S | | | | | | | | | | |
| R | | | | | | | | | | |

| NAME: | | | ADDRESS: | | | | | | | |
|---|---|---|---|---|---|---|---|---|---|---|
| Year | 20__ | 20__ | 20__ | 20__ | 20__ | 20__ | 20__ | 20__ | 20__ | 20__ |
| S | | | | | | | | | | |
| R | | | | | | | | | | |

# X

| NAME: | | | ADDRESS: | | | | | | | |
|---|---|---|---|---|---|---|---|---|---|---|
| Year | 20__ | 20__ | 20__ | 20__ | 20__ | 20__ | 20__ | 20__ | 20__ | 20__ |
| S | | | | | | | | | | |
| R | | | | | | | | | | |

| NAME: | | | ADDRESS: | | | | | | | |
|---|---|---|---|---|---|---|---|---|---|---|
| Year | 20__ | 20__ | 20__ | 20__ | 20__ | 20__ | 20__ | 20__ | 20__ | 20__ |
| S | | | | | | | | | | |
| R | | | | | | | | | | |

| NAME: | | | ADDRESS: | | | | | | | |
|---|---|---|---|---|---|---|---|---|---|---|
| Year | 20__ | 20__ | 20__ | 20__ | 20__ | 20__ | 20__ | 20__ | 20__ | 20__ |
| S | | | | | | | | | | |
| R | | | | | | | | | | |

| NAME: | | | ADDRESS: | | | | | | | |
|---|---|---|---|---|---|---|---|---|---|---|
| Year | 20__ | 20__ | 20__ | 20__ | 20__ | 20__ | 20__ | 20__ | 20__ | 20__ |
| S | | | | | | | | | | |
| R | | | | | | | | | | |

X

| NAME: | | | | ADDRESS: | | | | | | |
|---|---|---|---|---|---|---|---|---|---|---|
| Year | 20__ | 20__ | 20__ | 20__ | 20__ | 20__ | 20__ | 20__ | 20__ | 20__ |
| S | | | | | | | | | | |
| R | | | | | | | | | | |

| NAME: | | | | ADDRESS: | | | | | | |
|---|---|---|---|---|---|---|---|---|---|---|
| Year | 20__ | 20__ | 20__ | 20__ | 20__ | 20__ | 20__ | 20__ | 20__ | 20__ |
| S | | | | | | | | | | |
| R | | | | | | | | | | |

| NAME: | | | | ADDRESS: | | | | | | |
|---|---|---|---|---|---|---|---|---|---|---|
| Year | 20__ | 20__ | 20__ | 20__ | 20__ | 20__ | 20__ | 20__ | 20__ | 20__ |
| S | | | | | | | | | | |
| R | | | | | | | | | | |

| NAME: | | | | ADDRESS: | | | | | | |
|---|---|---|---|---|---|---|---|---|---|---|
| Year | 20__ | 20__ | 20__ | 20__ | 20__ | 20__ | 20__ | 20__ | 20__ | 20__ |
| S | | | | | | | | | | |
| R | | | | | | | | | | |

# X

| NAME: | | | ADDRESS: | | | | | | | |
|---|---|---|---|---|---|---|---|---|---|---|
| Year | 20__ | 20__ | 20__ | 20__ | 20__ | 20__ | 20__ | 20__ | 20__ | 20__ |
| S | | | | | | | | | | |
| R | | | | | | | | | | |

| NAME: | | | ADDRESS: | | | | | | | |
|---|---|---|---|---|---|---|---|---|---|---|
| Year | 20__ | 20__ | 20__ | 20__ | 20__ | 20__ | 20__ | 20__ | 20__ | 20__ |
| S | | | | | | | | | | |
| R | | | | | | | | | | |

| NAME: | | | ADDRESS: | | | | | | | |
|---|---|---|---|---|---|---|---|---|---|---|
| Year | 20__ | 20__ | 20__ | 20__ | 20__ | 20__ | 20__ | 20__ | 20__ | 20__ |
| S | | | | | | | | | | |
| R | | | | | | | | | | |

| NAME: | | | ADDRESS: | | | | | | | |
|---|---|---|---|---|---|---|---|---|---|---|
| Year | 20__ | 20__ | 20__ | 20__ | 20__ | 20__ | 20__ | 20__ | 20__ | 20__ |
| S | | | | | | | | | | |
| R | | | | | | | | | | |

# X

| NAME: | | | ADDRESS: | | | | | | |
|---|---|---|---|---|---|---|---|---|---|
| Year | 20__ | 20__ | 20__ | 20__ | 20__ | 20__ | 20__ | 20__ | 20__ |
| S | | | | | | | | | |
| R | | | | | | | | | |

| NAME: | | | ADDRESS: | | | | | | |
|---|---|---|---|---|---|---|---|---|---|
| Year | 20__ | 20__ | 20__ | 20__ | 20__ | 20__ | 20__ | 20__ | 20__ |
| S | | | | | | | | | |
| R | | | | | | | | | |

| NAME: | | | ADDRESS: | | | | | | |
|---|---|---|---|---|---|---|---|---|---|
| Year | 20__ | 20__ | 20__ | 20__ | 20__ | 20__ | 20__ | 20__ | 20__ |
| S | | | | | | | | | |
| R | | | | | | | | | |

| NAME: | | | ADDRESS: | | | | | | |
|---|---|---|---|---|---|---|---|---|---|
| Year | 20__ | 20__ | 20__ | 20__ | 20__ | 20__ | 20__ | 20__ | 20__ |
| S | | | | | | | | | |
| R | | | | | | | | | |

**X**

| NAME: | | | ADDRESS: | | | | | | | |
|---|---|---|---|---|---|---|---|---|---|---|
| Year | 20__ | 20__ | 20__ | 20__ | 20__ | 20__ | 20__ | 20__ | 20__ | 20__ |
| S | | | | | | | | | | |
| R | | | | | | | | | | |

| NAME: | | | ADDRESS: | | | | | | | |
|---|---|---|---|---|---|---|---|---|---|---|
| Year | 20__ | 20__ | 20__ | 20__ | 20__ | 20__ | 20__ | 20__ | 20__ | 20__ |
| S | | | | | | | | | | |
| R | | | | | | | | | | |

| NAME: | | | ADDRESS: | | | | | | | |
|---|---|---|---|---|---|---|---|---|---|---|
| Year | 20__ | 20__ | 20__ | 20__ | 20__ | 20__ | 20__ | 20__ | 20__ | 20__ |
| S | | | | | | | | | | |
| R | | | | | | | | | | |

| NAME: | | | ADDRESS: | | | | | | | |
|---|---|---|---|---|---|---|---|---|---|---|
| Year | 20__ | 20__ | 20__ | 20__ | 20__ | 20__ | 20__ | 20__ | 20__ | 20__ |
| S | | | | | | | | | | |
| R | | | | | | | | | | |

**Y**

| NAME: | | | ADDRESS: | | | | | | | |
|---|---|---|---|---|---|---|---|---|---|---|
| Year | 20__ | 20__ | 20__ | 20__ | 20__ | 20__ | 20__ | 20__ | 20__ | 20__ |
| S | | | | | | | | | | |
| R | | | | | | | | | | |

| NAME: | | | ADDRESS: | | | | | | | |
|---|---|---|---|---|---|---|---|---|---|---|
| Year | 20__ | 20__ | 20__ | 20__ | 20__ | 20__ | 20__ | 20__ | 20__ | 20__ |
| S | | | | | | | | | | |
| R | | | | | | | | | | |

| NAME: | | | ADDRESS: | | | | | | | |
|---|---|---|---|---|---|---|---|---|---|---|
| Year | 20__ | 20__ | 20__ | 20__ | 20__ | 20__ | 20__ | 20__ | 20__ | 20__ |
| S | | | | | | | | | | |
| R | | | | | | | | | | |

| NAME: | | | ADDRESS: | | | | | | | |
|---|---|---|---|---|---|---|---|---|---|---|
| Year | 20__ | 20__ | 20__ | 20__ | 20__ | 20__ | 20__ | 20__ | 20__ | 20__ |
| S | | | | | | | | | | |
| R | | | | | | | | | | |

# Y

| NAME: | | | ADDRESS: | | | | | | | |
|---|---|---|---|---|---|---|---|---|---|---|
| Year | 20__ | 20__ | 20__ | 20__ | 20__ | 20__ | 20__ | 20__ | 20__ | 20__ |
| S | | | | | | | | | | |
| R | | | | | | | | | | |

| NAME: | | | ADDRESS: | | | | | | | |
|---|---|---|---|---|---|---|---|---|---|---|
| Year | 20__ | 20__ | 20__ | 20__ | 20__ | 20__ | 20__ | 20__ | 20__ | 20__ |
| S | | | | | | | | | | |
| R | | | | | | | | | | |

| NAME: | | | ADDRESS: | | | | | | | |
|---|---|---|---|---|---|---|---|---|---|---|
| Year | 20__ | 20__ | 20__ | 20__ | 20__ | 20__ | 20__ | 20__ | 20__ | 20__ |
| S | | | | | | | | | | |
| R | | | | | | | | | | |

| NAME: | | | ADDRESS: | | | | | | | |
|---|---|---|---|---|---|---|---|---|---|---|
| Year | 20__ | 20__ | 20__ | 20__ | 20__ | 20__ | 20__ | 20__ | 20__ | 20__ |
| S | | | | | | | | | | |
| R | | | | | | | | | | |

**Y**

| NAME: | | | | ADDRESS: | | | | | | |
|---|---|---|---|---|---|---|---|---|---|---|
| Year | 20__ | 20__ | 20__ | 20__ | 20__ | 20__ | 20__ | 20__ | 20__ | 20__ |
| S | | | | | | | | | | |
| R | | | | | | | | | | |

| NAME: | | | | ADDRESS: | | | | | | |
|---|---|---|---|---|---|---|---|---|---|---|
| Year | 20__ | 20__ | 20__ | 20__ | 20__ | 20__ | 20__ | 20__ | 20__ | 20__ |
| S | | | | | | | | | | |
| R | | | | | | | | | | |

| NAME: | | | | ADDRESS: | | | | | | |
|---|---|---|---|---|---|---|---|---|---|---|
| Year | 20__ | 20__ | 20__ | 20__ | 20__ | 20__ | 20__ | 20__ | 20__ | 20__ |
| S | | | | | | | | | | |
| R | | | | | | | | | | |

| NAME: | | | | ADDRESS: | | | | | | |
|---|---|---|---|---|---|---|---|---|---|---|
| Year | 20__ | 20__ | 20__ | 20__ | 20__ | 20__ | 20__ | 20__ | 20__ | 20__ |
| S | | | | | | | | | | |
| R | | | | | | | | | | |

# Y

### NAME:  ADDRESS:

| Year | 20__ | 20__ | 20__ | 20__ | 20__ | 20__ | 20__ | 20__ | 20__ | 20__ |
|------|------|------|------|------|------|------|------|------|------|------|
| S    |      |      |      |      |      |      |      |      |      |      |
| R    |      |      |      |      |      |      |      |      |      |      |

### NAME:  ADDRESS:

| Year | 20__ | 20__ | 20__ | 20__ | 20__ | 20__ | 20__ | 20__ | 20__ | 20__ |
|------|------|------|------|------|------|------|------|------|------|------|
| S    |      |      |      |      |      |      |      |      |      |      |
| R    |      |      |      |      |      |      |      |      |      |      |

### NAME:  ADDRESS:

| Year | 20__ | 20__ | 20__ | 20__ | 20__ | 20__ | 20__ | 20__ | 20__ | 20__ |
|------|------|------|------|------|------|------|------|------|------|------|
| S    |      |      |      |      |      |      |      |      |      |      |
| R    |      |      |      |      |      |      |      |      |      |      |

### NAME:  ADDRESS:

| Year | 20__ | 20__ | 20__ | 20__ | 20__ | 20__ | 20__ | 20__ | 20__ | 20__ |
|------|------|------|------|------|------|------|------|------|------|------|
| S    |      |      |      |      |      |      |      |      |      |      |
| R    |      |      |      |      |      |      |      |      |      |      |

# Y

| NAME: | | | | ADDRESS: | | | | | | |
|---|---|---|---|---|---|---|---|---|---|---|
| Year | 20__ | 20__ | 20__ | 20__ | 20__ | 20__ | 20__ | 20__ | 20__ | 20__ |
| S | | | | | | | | | | |
| R | | | | | | | | | | |

| NAME: | | | | ADDRESS: | | | | | | |
|---|---|---|---|---|---|---|---|---|---|---|
| Year | 20__ | 20__ | 20__ | 20__ | 20__ | 20__ | 20__ | 20__ | 20__ | 20__ |
| S | | | | | | | | | | |
| R | | | | | | | | | | |

| NAME: | | | | ADDRESS: | | | | | | |
|---|---|---|---|---|---|---|---|---|---|---|
| Year | 20__ | 20__ | 20__ | 20__ | 20__ | 20__ | 20__ | 20__ | 20__ | 20__ |
| S | | | | | | | | | | |
| R | | | | | | | | | | |

| NAME: | | | | ADDRESS: | | | | | | |
|---|---|---|---|---|---|---|---|---|---|---|
| Year | 20__ | 20__ | 20__ | 20__ | 20__ | 20__ | 20__ | 20__ | 20__ | 20__ |
| S | | | | | | | | | | |
| R | | | | | | | | | | |

# Z

| NAME: | | | | ADDRESS: | | | | | | |
|---|---|---|---|---|---|---|---|---|---|---|
| Year | 20__ | 20__ | 20__ | 20__ | 20__ | 20__ | 20__ | 20__ | 20__ | 20__ |
| S | | | | | | | | | | |
| R | | | | | | | | | | |

| NAME: | | | | ADDRESS: | | | | | | |
|---|---|---|---|---|---|---|---|---|---|---|
| Year | 20__ | 20__ | 20__ | 20__ | 20__ | 20__ | 20__ | 20__ | 20__ | 20__ |
| S | | | | | | | | | | |
| R | | | | | | | | | | |

| NAME: | | | | ADDRESS: | | | | | | |
|---|---|---|---|---|---|---|---|---|---|---|
| Year | 20__ | 20__ | 20__ | 20__ | 20__ | 20__ | 20__ | 20__ | 20__ | 20__ |
| S | | | | | | | | | | |
| R | | | | | | | | | | |

| NAME: | | | | ADDRESS: | | | | | | |
|---|---|---|---|---|---|---|---|---|---|---|
| Year | 20__ | 20__ | 20__ | 20__ | 20__ | 20__ | 20__ | 20__ | 20__ | 20__ |
| S | | | | | | | | | | |
| R | | | | | | | | | | |

# Z

| NAME: | | | ADDRESS: | | | | | | | |
|---|---|---|---|---|---|---|---|---|---|---|
| Year | 20__ | 20__ | 20__ | 20__ | 20__ | 20__ | 20__ | 20__ | 20__ | 20__ |
| S | | | | | | | | | | |
| R | | | | | | | | | | |

| NAME: | | | ADDRESS: | | | | | | | |
|---|---|---|---|---|---|---|---|---|---|---|
| Year | 20__ | 20__ | 20__ | 20__ | 20__ | 20__ | 20__ | 20__ | 20__ | 20__ |
| S | | | | | | | | | | |
| R | | | | | | | | | | |

| NAME: | | | ADDRESS: | | | | | | | |
|---|---|---|---|---|---|---|---|---|---|---|
| Year | 20__ | 20__ | 20__ | 20__ | 20__ | 20__ | 20__ | 20__ | 20__ | 20__ |
| S | | | | | | | | | | |
| R | | | | | | | | | | |

| NAME: | | | ADDRESS: | | | | | | | |
|---|---|---|---|---|---|---|---|---|---|---|
| Year | 20__ | 20__ | 20__ | 20__ | 20__ | 20__ | 20__ | 20__ | 20__ | 20__ |
| S | | | | | | | | | | |
| R | | | | | | | | | | |

# Z

| NAME: | | | ADDRESS: | | | | | | | |
|---|---|---|---|---|---|---|---|---|---|---|
| Year | 20__ | 20__ | 20__ | 20__ | 20__ | 20__ | 20__ | 20__ | 20__ | 20__ |
| S | | | | | | | | | | |
| R | | | | | | | | | | |

| NAME: | | | ADDRESS: | | | | | | | |
|---|---|---|---|---|---|---|---|---|---|---|
| Year | 20__ | 20__ | 20__ | 20__ | 20__ | 20__ | 20__ | 20__ | 20__ | 20__ |
| S | | | | | | | | | | |
| R | | | | | | | | | | |

| NAME: | | | ADDRESS: | | | | | | | |
|---|---|---|---|---|---|---|---|---|---|---|
| Year | 20__ | 20__ | 20__ | 20__ | 20__ | 20__ | 20__ | 20__ | 20__ | 20__ |
| S | | | | | | | | | | |
| R | | | | | | | | | | |

| NAME: | | | ADDRESS: | | | | | | | |
|---|---|---|---|---|---|---|---|---|---|---|
| Year | 20__ | 20__ | 20__ | 20__ | 20__ | 20__ | 20__ | 20__ | 20__ | 20__ |
| S | | | | | | | | | | |
| R | | | | | | | | | | |

# Z

| NAME: | | | | ADDRESS: | | | | | | |
|---|---|---|---|---|---|---|---|---|---|---|
| Year | 20__ | 20__ | 20__ | 20__ | 20__ | 20__ | 20__ | 20__ | 20__ | 20__ |
| S | | | | | | | | | | |
| R | | | | | | | | | | |

| NAME: | | | | ADDRESS: | | | | | | |
|---|---|---|---|---|---|---|---|---|---|---|
| Year | 20__ | 20__ | 20__ | 20__ | 20__ | 20__ | 20__ | 20__ | 20__ | 20__ |
| S | | | | | | | | | | |
| R | | | | | | | | | | |

| NAME: | | | | ADDRESS: | | | | | | |
|---|---|---|---|---|---|---|---|---|---|---|
| Year | 20__ | 20__ | 20__ | 20__ | 20__ | 20__ | 20__ | 20__ | 20__ | 20__ |
| S | | | | | | | | | | |
| R | | | | | | | | | | |

| NAME: | | | | ADDRESS: | | | | | | |
|---|---|---|---|---|---|---|---|---|---|---|
| Year | 20__ | 20__ | 20__ | 20__ | 20__ | 20__ | 20__ | 20__ | 20__ | 20__ |
| S | | | | | | | | | | |
| R | | | | | | | | | | |

# Z

| NAME: | | | ADDRESS: | | | | | | | |
|---|---|---|---|---|---|---|---|---|---|---|
| Year | 20__ | 20__ | 20__ | 20__ | 20__ | 20__ | 20__ | 20__ | 20__ | 20__ |
| S | | | | | | | | | | |
| R | | | | | | | | | | |

| NAME: | | | ADDRESS: | | | | | | | |
|---|---|---|---|---|---|---|---|---|---|---|
| Year | 20__ | 20__ | 20__ | 20__ | 20__ | 20__ | 20__ | 20__ | 20__ | 20__ |
| S | | | | | | | | | | |
| R | | | | | | | | | | |

| NAME: | | | ADDRESS: | | | | | | | |
|---|---|---|---|---|---|---|---|---|---|---|
| Year | 20__ | 20__ | 20__ | 20__ | 20__ | 20__ | 20__ | 20__ | 20__ | 20__ |
| S | | | | | | | | | | |
| R | | | | | | | | | | |

| NAME: | | | ADDRESS: | | | | | | | |
|---|---|---|---|---|---|---|---|---|---|---|
| Year | 20__ | 20__ | 20__ | 20__ | 20__ | 20__ | 20__ | 20__ | 20__ | 20__ |
| S | | | | | | | | | | |
| R | | | | | | | | | | |

# CHRISTMAS *Gratitude*

I am grateful for…

# CHRISTMAS *Gratitude*

I am grateful for...

# CHRISTMAS Gratitude

I am grateful for...

# CHRISTMAS *Gratitude*

I am grateful for...

# CHRISTMAS Gratitude

I am grateful for…

# CHRISTMAS *Gratitude*

I am grateful for...

# CHRISTMAS Gratitude

I am grateful for…

# CHRISTMAS *Gratitude*

I am grateful for...